十分婚姻

蒋佩蓉
＋
林为千

著

中国市场出版社
China Market Press
·北京·

图书在版编目（CIP）数据

十分婚姻/蒋佩蓉，林为千著. — 北京：中国市场出版社，2019.11（2024.10 重印）

ISBN 978-7-5092-1859-4

Ⅰ.①十⋯ Ⅱ.①蒋⋯ ②林⋯ Ⅲ.①婚姻—家庭关系—通俗读物 Ⅳ.① C913.13-49

中国版本图书馆 CIP 数据核字（2019）第 126431 号

十分婚姻

SHIFEN HUNYIN

著　　者：蒋佩蓉　林为千
责任编辑：晋璧东（874911015@qq.com）
出版发行：中国市场出版社
社　　址：北京市西城区月坛北小街 2 号院 3 号楼（100837）
电　　话：（010）68033539
经　　销：新华书店
印　　刷：环球东方（北京）印务有限公司
规　　格：160mm×230mm　　　　开　本：16 开
印　　张：15　　字　数：193 千字　　图　数：24
版　　次：2019 年 11 月第 1 版　　印　次：2024 年 10 月第 3 次印刷
书　　号：ISBN 978-7-5092-1859-4
定　　价：48.00 元

版权所有　侵权必究　　印装差错　负责调换

这本书讲述的不是一对完美夫妇的婚姻，
而是原本希望渺茫却因成长而走向十分的婚姻。
作者期望读者能因他们走过的弯路而调整方向，
快速走向十分的婚姻。

序 一

2019年是我跟先生结婚的第8年。很多人都说婚姻捱不过七年之痒。2017年,我有幸参加蒋老师的"婚姻经营之道"课程,很感激在这个特殊的时候与蒋老师相遇,受益匪浅。如今该课程的内容被编纂成书,特别希望本书能为更多朋友送去祝福。

我是个全职妈妈,这让我常常看不到自己的价值。跟先生讨要生活费是我最厌恶的事情。然而,蒋老师在书中说,我们不是因为挣的钱比先生少才留在家里照顾孩子,而是因为更擅长照顾孩子才选择留下。

通过阅读本书,你会明白,我们的爱人都是会软弱、有缺点的人,他们无法满足我们对快乐的所有需求。因此,我们需要争取休息时间、交朋友和充电。以前先生的爱对于我来说是雪中送炭,感受不到他的注视,我就会寝食难安。现在我要做的是把先生的爱当作锦上添花!

　　蒋老师在书中鼓励大家建立界线，为自己的情绪负责，从爱的角度约束自己的行为，坦然接受他人对自己界线的不理解和失望，甚至是愤怒。不是我们不够好，只是大家立场不一样。

　　蒋老师还在书里强调，你能改变的只有自己。之前我没有发现隐藏在我心里的小秘密——我都变得这么好了，付出了这么多，先生肯定都看见了，会一直想要跟我在一起的。可是我回家却发现，他还是跟以前一样热衷于服务其他人。我彻底失望了。如果你期待对方用你期望的方式回应你，那其实不过是换了一种方法控制对方。

　　书中还建议夫妻培养共同爱好，例如打羽毛球，看电影等。我在尝试了解先生感兴趣的一些讯息，在日复一日的生活里培养共同的价值观和爱好，丰富我们的生活。这对我来说并不容易，却值得去做。我自己首先要做一个有趣的人！

　　书中还有单独一章讲夫妻要离开原生家庭，独立生活，这也是我的重要功课。我很感激父母对我深深的爱。现在，父母也能尊重我教育孩子的方式了。我对他们的爱也越来越轻松。

　　蒋老师在书中特别强调，一家人要生活在一起。当初她为了维护家庭合一，甚至带着3个儿子来中国陪先生。而我与先生则是一周见一次，以前并没有意识到这是极大的家庭危机。在我的原生家庭中，父亲就是常年在外面工作，母亲照顾我和弟弟。我身边的很多朋友也是这样。所以，我也以为婚姻生活就是先生努力赚钱，买大房子，送孩子读最好的学校，但从没考虑过一家四口需要住在一起。好在现在明白还不算太晚。我们已经在积极准备资金，购买新住处，以便早日团聚。

谢谢蒋老师让我对婚姻重拾信心，也感恩在生命的路上遇到老师和那些一起努力的姐妹们。我一直记得老师说过："你和你的婚姻都值得你百分百的努力！"在此，我也想对《十分婚姻》的读者们说，在经营婚姻的路上全力以赴，让我们一起加油！！

李丹

佩蓉"妈妈公主团"成员，"婚姻经营之道"微课学员

序 二

我最初是通过新浪微博认识佩蓉姐的。她曾为麻省理工学院前中国区总面试官，常在微博上分享育儿、教育理念，是我一直关注的专家。随后，我买了《佩蓉的妈妈经》来读，发现育儿也可以不耗尽妈妈的心力、体力。妈妈们只有先找到自我、学会成长，才能更好地陪伴孩子成长。2017年年底去新西兰旅游前，因缘际会看到佩蓉姐开婚姻微课的信息，便报名参加。从亲子到婚姻，佩蓉姐一直尽心竭力帮助深陷困惑和焦虑的父母和夫妻。

现在，佩蓉姐将婚姻微课的内容集结成了本书，真的感到特别开心，那些未参加课程的朋友也能从书中受益了。

我一直很想跟佩蓉姐学习方法技巧，但佩蓉姐在本书第一章里就提到，婚姻里最重要的功课不是沟通、解决冲突和情绪管理，而是放下自我、克服自私。舍己不只是走上红毯、在众人面前宣誓的那一刻，而是在细水长流的日子里愿意为对方放下自己。原本我对先生总有诸多抱怨，在学习的过程中竟慢慢消散，我更多看到了自己曾经的自以为是、伪善、自私，内心涌起了更多对先生的歉意与心疼。

从婚姻之道到相处之术，佩蓉姐在书中分享了舍己、界线等理念，这些革新了我的观念。和伴侣成为朋友、解决冲突、协调性爱……一些难以启齿的话题，佩蓉姐也敞开与我们分享。

佩蓉姐在书中多次强调做作业的重要性。中国的妈妈并不缺学习的精神，只是少了实践。佩蓉姐一针见血的论述让我开始从新的角度审视自己对待婚姻的态度。对照佩蓉姐留下的作业，我一次次地反思自己的问题，写下思考和应对方法。

当然，也不是说看了这本书，婚姻生活就会一点儿问题也没有了。我依然会跟先生有争执，内心依然会纠结。但正如佩蓉姐说的，成长往往是前进两步后退一步，所以下次下滑的时候千万不要灰心，因为这是成长中必然要经历的。改变自己哪有那么容易。但你若品尝过改变后的甘甜果实，便会更愿意放下自己，一次次去尝试。

感恩遇见佩蓉姐。她让我坚信，只要凭着决心去实践本书的理念和方法，我也可以收获美满的婚姻，可以成为更好的自己。

在书中，你会发现有些场景似曾相识，有些想法心有戚戚。虽然我们曾有相似的处境，但可以凭着信心去实践，然后看到婚姻重现光彩。如果你对婚姻家庭、亲子关系和自我成长有困惑，如果你对自己的婚姻失望，觉得无路可走，那么这本书正是为你而预备的。

杨蕾

佩蓉"妈妈公主团"成员，"婚姻经营之道"微课学员

序 三

我爱旅行,更爱与妻子一道分享经验。最近我们俩受邀做了一系列讲座与培训。周六那天的行程安排得满满当当:我们白天培训了24对夫妇——他们是婚姻辅导或教学课程的学员;晚上又作了一个演讲,分享人工智能的崛起与未来的教育和工作。看得出大家对这些议题很感兴趣,整个礼堂座无虚席。一天下来我俩筋疲力尽,好想冲进房间倒头就睡,但想到有对婚姻马上破裂的夫妻,还是决定去见他们。其实我们一落地就被约了,只是行程实在太满腾不出空来。

大概晚上10点钟的时候,我们几个坐到了一起,先听他们介绍了情况,然后开始帮他们处理情绪问题(详情见第8章)。他们谈到了彼此的伤害和期待,也讲到了沟通障碍及其冲突。这种情况在以往的辅导中很常见。他们大学时相遇、相恋,共度美好校园时光,一同研究生毕业。随后,生活的压力接踵而至。有年幼的孩子等候喂养,也有老迈的家人需要照顾,与此同时,二人还在创业。

佩蓉和我的一大默契就在于我们能够抓住事情背后的真正问题。我们试着帮他们建立理解，重拾希望。一个半小时后，夫妻二人脸上露出了笑容，他们发现，其实婚姻和事业上的难题是可以克服的。妻子要学会放下期待，不要辖制丈夫，给丈夫做事情的空间。丈夫也要学会和妻子沟通，赢得妻子的支持。他们都觉得在婚姻、家庭乃至事业上，夫妻二人不是孤立如岛，而是要联结如一、协同作战。瞧，我们俩又成功帮助了一对夫妻的婚姻！

其实，这对我和佩蓉来说也不容易。我们也曾大吵大闹，濒临离婚，不得不寻求辅导帮助。31年的婚姻生活让我们意识到，婚姻需要经营，而不只是你侬我侬的罗曼蒂克。爱情需要信心、忠心、耐心，也需要尽心。这就像积攒养老金，得尽早把钱存入银行，然后月复一月地存，这样才能积少如垒，使投资增值。夫妻之间也是如此，你必须持续投入，今天你牺牲一些既得的欢乐，明天就能收获美好的婚姻。有句犹太古训说得好："少种的少收，多种的多收。"如果作为丈夫的我，一到周末就呼朋引伴地去打高尔夫球，尽情娱乐，平时也只顾工作，很晚才回家，忽视了经营夫妻关系，也就不会收获今天和佩蓉的美好婚姻。

我们也相信，婚姻可以奏出和谐的乐章，成为团队合作的典范。这不正是我们的期待吗？那就是为孩子树立榜样，使他们长大后对婚姻也有盼望。你相信吗？父母的婚姻会决定孩子的情商，甚至关系到他们婚姻的成败。尽管夫妻的差异总是层出不穷，但我们还是要努力解决冲突（见第7章），建立彼此紧密咬合的拉链式关系（见第6章）。我们可以通过辅导来改善关系，但更好的做法是与其他夫妻交流分享经验。

本书是根据我和佩蓉的亲身经历写成的。我们特别盼望帮助大家谱写婚姻诗篇，为家庭和孩子带去祝福。如果你相信自己并愿意为婚姻投入心血，这绝对是可以做到的。当然，最好的做法是夫妻双双踏上改变之旅，共同学习成长。如果不能一起上路，那就先改变自己，证明给对方看！

让自己成为最佳伴侣，《十分婚姻》值得拥有。

林为千

序　四

我从父母的婚姻中学到，婚姻就像生活一样，是一次旅行。没有人一进入婚姻就会解决一切难题，即便是到了耄耋之年仍然会有问题。把婚姻看作寻找合适的另一半是错误的，因为人不是一成不变的。即便你现在找到了完全适合你的配偶，那10年后呢？如果对方变得不适合你了呢？我从旁目睹，20多年来，我的父母就改变了很多，有时他们的差异越来越大，有时则越来越像。我发现，他们从不追求如拼图般完美匹配，而是追求一起成长。孩子这样评论父母听起来很奇怪吧？但他们的生活就是这样！

老实说，这本书里的大部分经验都是他们从犯错跌倒中学到的。他们都为原生家庭所困，我小时候常看他们为此争吵，还有好几次被母亲"绑架"。现在他们和家人建立了健康的界线。虽然这用了几十年之久，但他们的父母（我的祖父母）已经能够尊重界线，明白婚姻在孩子的关系中居首位。年轻的一代不再为上一代不健康的家庭义务和亲子关系所捆绑，上一代人则学会了尊重子女的选择，以开放的心态看待新生事物。

我曾经觉得父母亲的个性是完全对立的。他们的交流方式（母亲是情感型，父亲是逻辑型）和社交类型（母亲外向，父亲内向）截然不同，也没有多少共同爱好。我经常看到他们误解对方，一次又一次地忽略对方的观点。但最终他们学会了停下来，退一步换位思考。他们成长了，不是靠自己，而是一同成长，也因对方而改变。对立的个性曾使他们很难相互理解，但现在互动起来却没有障碍，也只有团队才能做到这样。

我最敬佩父母的，是他们始终注目终点，这是他们能战胜婚姻挑战的原因。他们都朝着同一方向甚至同一终点前行。当生活几乎令他们分开时，为什么他们依然能信守对彼此的承诺？也许这就是原因。每当看到他们放弃时，我就会想到这一点。比如我上高中时，有一年夏天，他们分开了好几天，几乎就要离婚了。但这时他们意识到，其实彼此还在朝着那个方向前行。

就这样反反复复几十年后，我看到了不可思议的事情——他们曾潮起潮落的婚姻现在如星辰般熠熠生辉。他们学会了沟通与支持、理解与同行。那是一种爱，你看不到，却能感受到他们彼此相爱。我觉得他们终于合二为一了。现在我们三兄弟都长大单飞,是时候让他们把自己奉献给大家了。所以,当你阅读这本书的时候请珍惜,因为不久你也要像我们一样,离开父母的爱巢去飞翔!

大儿子　林凯文

序 五

美国40%~50%的婚姻都以离婚告终，这是21世纪一项最令人瞠目结舌的数据。更令我震惊的是，这样的家庭灾难如今竟被视为稀松平常。我清楚记得，自己过去常忧虑父母什么时候会分开，成为离婚大军中的一员。不了解我们家的人听我这么讲可能会感到惊讶。但不可思议的是，5年前他们的婚姻之花再次悄然绽放！回顾他们的婚姻，我不仅受鼓励想成为那50%不离婚的分子，更想为周围的人送去祝福，激发他们寻求更大的目标。

有些人终其一生都在寻求美好，寻求社会和谐，寻求"那个对的人"。父母教导我，人生的一大乐趣是找到伴侣，然后一起服务他人，即使付出巨大代价也值得。回首我的家庭，父母的人生经验对周围的人产生了很大影响。本书汇集了他们从失败和困境中汲取的教训。我为母亲感到骄傲，她勇于向读者展示自己的脆弱，让人们从中汲取教训，从而建造刚强的家庭，培养有使命感的孩子。

父母教给我的最难的功课是学会控制情绪。如果不适当培养，孩子的优点也会变成弱点。对我来说，就是对付过于敏感的性格。父母情绪爆发也会激起我的情绪爆发，导致愤怒和内疚久久不能排解。后来父母在情绪管理上有了显著进步，能够在陷入"冷战"或激烈爆发前化解冲突，我与他们的关系也随之改善。现在我已经大学毕业独自生活，会常回来看望家人。每当我看到冲突一触即发又巧妙化解时都感到十分惊讶。强烈建议大家阅读本书第7、8两章，我保证这也会帮助到你。父母因变化而获得的新生命都呈现在书中，过去几年也治愈了我和他们的关系。

说来奇怪，当我看到父母的时候，就确信世上真的有不完美却真实的爱情（第1章）。过去我以为这只是电影情节，或者是一见钟情时的心动。现在我确信，真爱是一种承诺，需要努力经营，保持谦卑，放下自我，倾听对方。我相信婚姻是世上最难经营的事业之一，但也会带给勇于追求的人一生中最丰厚的回报。在你阅读了这本书之后，我相信林家的经历能激励你更好更多地去关爱与理解家人。

二儿子　林凯恩

序 六

我父母常常失败，一件事情要反复做才能做好，这在养育孩子方面体现得非常明显。我是家里的老三，也是最小的孩子，可以自信地说，他们在养育孩子上经过前两次尝试，最终在我身上获得了成功。

他们事业成功，又是很优秀的父母，但我只把他们当作最知心的朋友。

哥哥们看到的是，父母因孩子增加而经受诸多挣扎，之后又面临青春期孩子带来的挑战；而我则看到，父母在哥哥们离家上学和工作后，有机会建立亲密关系。这段适应期对我们家的每个人来说都不容易，甚至对父母的婚姻还构成了压力。刚开始屋子越来越空，气氛也越来越闷。虽然父母做婚姻辅导，为他人做榜样，但自己的状况却越来越糟，后来他们不得不承认，自己也需要帮助，需要寻求指导。

在我的眼中，父母从家庭成员变成了榜样乃至英雄。这些角色各不相同，我对每种角色的认识源自对父母人性的洞察，他们和我们一样都有缺点。

我的父母是完全不同的人，他们的表达方式和给予、接受爱的方式也皆不同。两人相合迸发出的激情之火，一旦冲突失控也会蔓延成森林火灾。这些年来我看到他们竭尽所能努力控制火势，彼此也为之做出了许多妥协。他们现在如此幸福是因为经历了他人无法坚忍的斗争。争战虽苦奖赏却巨大，他们总结出了在冲突中沟通愈发流畅、理解也愈益深多的智慧。

我看到母亲学会与父母建立健康界线，遇到冲突时努力控制情绪，因而更能理解父亲了。

我看到父亲学会把工作关在门外，慢慢懂得了母亲的情感接受方式，也学会给予母亲肯定、认可。后来他们再冲突时关系非但没有恶化反而更好了，因为双方都努力化解问题，避免重蹈覆辙。

我看到建立关系需要苦心经营，也看到彼此妥协换来健康关系，从而开启成长之门。

我父母以自己优秀的榜样给了我很好的养育。然而，他们获得我的尊重和友谊，非因他们教我的那些具体的成长技巧和知识，而是引导我看清自己像他们一样正在不断成长，即肯定自己。他们告诉我不要等着别人来完善自己，而是主动去寻找能帮助自己的朋友，这样的朋友能使我更好地成就未来，进而成为未来最想要成为的人。

所以，我希望身边的朋友和未来的另一半，能和我一样受益于父母的丰盈生命所带给我的影响。

这益处就在这本书中！

小儿子　林凯安

目 录

第 1 关　不再孤独：幸福婚姻从放下自我开始 / 001

埋葬了爱情的不是婚姻，而是…… / 001

婚姻里最重要的功课 / 004

不结婚的人生不也同样精彩吗 / 009

在"拉门时刻"重塑真爱 / 012

佩蓉的心灵工坊 / 013

为千有话说 / 014

第 2 关　建立团队：夫妻想合一就得离开父母 / 017

结婚与创业：我泥中有你，你泥中有我 / 017

经济独立——离开父母的第一步 / 023

"断舍离"才有成长空间 / 025

离开父母是健康的独立，不是忘恩负义 / 026

佩蓉的心灵工坊 / 031

为千有话说 / 032

第 3 关　搭建围墙：婚姻内外都要立界线 / 035

与外人立界线 / 035

与配偶立界线 / 040

与自己立界线 / 047

佩蓉的心灵工坊 / 049

为千有话说 / 050

第 4 关　解答性爱：点燃幸福婚姻的核能引擎 / 053

男女性事大不同 / 053

性爱，不求自己痛快吗 / 057

下次，你们可以这样…… / 062

佩蓉的心灵工坊 / 068

为千有话说 / 069

第 5 关　共同兴趣：没有友谊的婚姻休想稳固 / 073

好朋友的第一个表现：尊重 / 074

好朋友的第二个表现：诚实 / 076

好朋友的第三个表现：稀缺 / 077

好朋友的第四个表现：逆境中不离不弃 / 078

好朋友的第五个表现：彼此了解 / 079

好朋友的第六个表现：分享快乐也分担重担 / 080

好朋友的第七个表现：共同价值观和爱好 / 081

佩蓉的心灵工坊 / 085

为千有话说 / 086

第 6 关　拉链夫妻：互补型夫妻是最默契团队 / 091

家庭成败不靠丈夫，靠什么 / 091

男女怎么搭配才会干活不累 / 092

为家庭放弃事业的男人没出息吗 / 096

拉链式婚姻特点 / 099

出轨，防火比救火容易吗 / 100

佩蓉的心灵工坊 / 101

为千有话说 / 103

第 7 关　解决冲突：吵架还可以让夫妻更相爱 / 107

从来不吵架的夫妻有问题 / 107

你一般怎样解决冲突 / 108

和好 36 计 / 111

佩蓉的心灵工坊 / 123

为千有话说 / 124

第 8 关　管理情绪：为情绪立界线，不勒索他人 / 129

拒绝情感勒索，设立健康界线 / 129

不接纳负面情绪就没有情感连接 / 131

体会多深的悲伤，就能体验多深的快乐 / 133

你发起怒来像羊、恶犬，还是眼镜蛇 / 134

你能写出 100 条感谢配偶的事由吗 / 141

用陪伴、鼓励还有信心来战胜恐惧 / 142

佩蓉的心灵工坊 / 143

为千有话说 / 144

第 9 关　婚姻脱轨：婚姻脱离传统轨道怎么办 / 147

只要在一起，什么样的苦日子都能度过 / 147

不要轻易选择两地分居 / 149

离别婚姻，但不离别生活 / 160

佩蓉的心灵工坊 / 165

为千有话说 / 166

第 10 关　使命宣言：让婚姻生活不再气喘吁吁 / 169

打造有使命感的家庭团队 / 169

不求回报就没有伤害 / 171

让自己家也受益于利他主义 / 178

佩蓉的心灵工坊 / 182

为千有话说 / 183

附录一 / 187

附录二 / 191

附录三 / 194

第1关

不再孤独

幸福婚姻从放下自我开始

埋葬了爱情的不是婚姻,而是……

俗话说婚姻是爱情的坟墓。你同意这个说法吗?为什么呢?

这要看你如何定义爱情。我们先来看一看流行歌曲里的爱情观。

你是我今生的依靠,

努力付出不奢求回报。

我用时光等你,你不来我不老。

你是我的玫瑰,你是我的芳草。

你说你的心会日夜陪着我,

你就是我今生唯一的快乐。

为何总受伤的人不是你,而是我!

这些恋爱时的甜言蜜语，婚后怎么都成了谎言呢？因为流行歌曲里唱的是一种很自私的爱情。这种爱情不需要操练，只要在彼此很迷恋的时候说情话就能撑起整个虚幻世界了。这个虚幻世界没有承诺，没有委身，没有责任，也没有负担。总之，不需要付出。这个虚幻世界对自己没有什么要求，只给自己带来欢乐的感受。但在生活的柴米油盐中，这种爱情还能存活下去吗？

老公被公司的业务压得喘不过气来，需要不断加班，别说今生不能依靠，连今天都不好度过！

你半夜要多次起来给孩子喂奶，睡眠严重不足，还要早起打扫卫生，给家人做饭，你还愿继续付出不求回报吗？

被忙碌的都市生活压得头昏脑涨的人，头一碰枕头便鼾声四起，还有心思对配偶说"你是我的玫瑰，你是我的芳草"吗？

你忙了一整天好不容易下班回到家，却要面对同样筋疲力尽、情绪糟透了的老婆，不仅要听她抱怨还要接手照顾精力充沛的孩子，你还有气力对她说"你就是我今生唯一的快乐"吗？

流行歌曲里的爱情是完美的，构建了一个虚幻的世界。没有什么责任或负担的单身贵族谈恋爱时，会努力维护这种虚幻感。约会时展现最好的一面，一回家就卸下面具。但两个人进入婚姻就不能再戴面具了，迟早要以真实的自己面对真实的对方。

如果你对爱情的定义就是流行歌曲里这种虚幻、自私的爱，什么都不需要付出，那建立在这种爱情观上的婚姻绝对是爱情的坟墓，因为这种爱情不可能长存。这种自私的爱无法解决孤独,因为你爱上的是幻影而不是真实的人——会变老,很脆弱,有许多缺陷。

真爱是两个有各种缺陷的人彼此接纳,相互搀扶,渐渐合为一体。真爱是舍己。没有人一进入婚姻就有舍己的能力,但每个人通过操练都可获得,并能不断成长。

读着爱情小说长大的我曾幻想与白马王子幸福地生活。而事实上我22岁就步入了婚姻殿堂,身边是个同龄、不成熟的小伙子,和我想象中的白马王子并不相符。

婚后我们常常为琐事争吵不休。恋爱时他最令我欣赏的闪光点后来却成了我最不能容忍的缺点。我俩都很有冲劲,争强好胜,年少无知,内心骄傲。我们恋爱时很疯狂,婚后吵架也很狂暴。我们都认为问题出在对方身上,想要改变对方,却适得其反,越来越失望。

浪漫之爱转瞬即逝,如何信守曾经的誓言——无论富裕还是贫穷,疾病还是健康,都不离不弃?

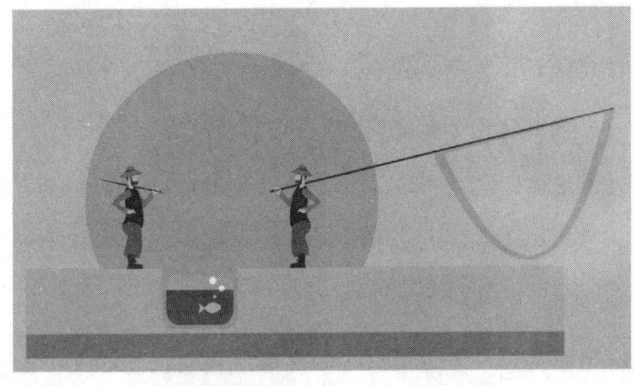

《期待的差异》　凯安作

两个人只期待对方付出，等着被爱，肯定很快就会失望，甚至绝望。相反，两个人怀着实际的期待进入婚姻，不断改变自己，就会收获幸福。

婚姻里最重要的功课

因此，婚姻里最重要的功课不是学习交流沟通、解决冲突或情绪管理的技巧，而是放下自我。任何技巧都容易学习，最难的是双方愿意为了爱而放下自我。但只要双方愿意努力，所有人都能收获幸福美满的婚姻。

你可能会觉得这很不公平，我们肯定会被配偶伤害。但不放下自我，就会期待回报，配偶的反应一旦不符合期待时，我们肯定会受伤。对此，我想分享著名文学家C.S.路易斯在他的畅销书《四种爱》里的一段话：

> 对爱的付出无所谓安全。
> 完全投入就意味着会受伤。
> 爱上任何人或事，你的心中势必会生出烦恼，有心碎的可能。
> 要想确保自己的心完好无缺，就不能把心交给任何人，连动物也不行。
> 得用爱好和一点虚荣心小心翼翼地把它包裹起来，远离所

有的纠缠，把它放进你那自私自利的棺木里好好地锁起来。

然而，即使那个棺木足够安全、不见天日，静止不动又密不透风，你的心还是会发生变化。它不会碎，反而会变得坚不可摧，无可挽回。

要想避免悲剧的发生或者消除悲剧发生的风险，那便只能下地狱了。

除了天堂，能保证你免受来自爱的一切危险和不安的就只剩地狱了。[1]

完全投入就意味着会受伤。流行歌曲颂唱的爱绝对会令人崩溃，因为世界上没有一个人能满足你所有的需要，只为你付出而不对你有期待。婚姻要求双方自我克制，放下期待，冒着失望的风险去爱。只有双方都这样努力的时候，婚姻才会是人间天堂，是任何流行歌曲里的爱都无法相比的。当我们这样去爱的时候，才能体会和收获真爱。

在自由恋爱的现代世界，人们对爱情怀有很不切实际的期待——满足人对快乐的所有需求。这会让对方担负不切实际的包袱，双方迟早会彻底失望。

过去10年，中国人的婚姻状况越来越不乐观，结婚率降低，离婚率却猛增。就连浪漫爱恋最为可靠的"燃料"——流行情歌也发生了变化。你会发现大部分热门歌曲都是关于分手和痛苦的。

---

[1] C. S. 路易斯. 四种爱[M]. 汪咏梅, 译. 上海: 华东师范大学出版社, 2013.

过去人们不期待配偶能满足自己对幸福感的需求，但最近越来越多的调研发现，北美年轻人对婚姻的期待已经高到没人能满足的程度了！难怪无论在西方还是国内，离婚率年年上升！

心理学家埃利·芬克尔（Eli Finkel）在《非成即败的婚姻》(*The All-or-Nothing Marriage*）一书中考察了过去200年来，美国人的婚姻期望是如何在马斯洛需求层次上慢慢攀升的。就在几代人以前，理想婚姻的定义是彼此相爱、夫妻同心及对家庭和社会拥有归属感。芬克尔认为，如今的新婚夫妇不仅想要这些，还想拥有社会名望、独立自主、个人成长和自我表达。人们认为婚姻应该帮助每个人成为更好的自己。这意味着美国人在越来越多地向配偶寻求只有社会才能给予的满足。

既然大家都明白弹琴或运动需要努力练习才能提高成长，创业的过程也相似，为什么却期待婚后不用努力就能去爱那个不完美的人呢？

这个世界上唯一不变的就是改变。我们如果不锻炼身体，肌肉就会退化。爱的能力不锻炼也会渐渐退化。婚姻是操练爱的能力，使之成熟的最好方式，因为婚姻是最亲密的人际关系。

进入婚姻后，很多人觉得需要操练的是对方而不是自己。我们肯定不会这样看待锻炼身体——配偶运动了就能让我们瘦下来，身材变好看吗？事实是没人能改变别人，我们只能改变自己。自己改变了，对方得到了爱的祝福，婚姻关系就有希望获得改善。只要有一个人不放弃希望，婚姻就有改善的希望。

婚前我们都很愿意接纳对方的缺点，也愿意舍己去爱对方，但婚前的这些优点却成了婚后的绊脚石。我的母校麻省理工的男女生比例是4∶1。我是一个比较爱社交的理工科女生，常有男生追求，因此我有很多选择。为千与众不同的是他的决策力。约会时，其他男生都很想讨好我。当我问他们要去哪里吃饭的时候，他们都会说你爱吃什么我就带你去吃。但为千不一样，我们约会的时候他会建议去哪个餐厅吃饭，然后去这里做这件事，去那里做那件事，整个流程都计划好了。我跟着他的安排走会很舒心。然而婚后他的决策力却变成了固执，常不听我的意见就做了决定。

婚姻里我们总是想方设法去改变对方，而非主动思考改变自己。当我们的心思意念都用于改变对方时，会很容易陷入一种受害者的心态——幻想只有对方改变了，我们才能幸福。这种想法是无奈也是无能，因为你把幸福的决定权白白交给了别人。没有任何人能改变另外一个人。相反，如果我们花精力改变自己，以此来祝福配偶，幸福的决定权就掌握在自己手中。

其实快乐是一种选择，不依赖外在条件。当我们选择开心和幸福，就有能力去祝福别人，把自己的快乐不求回报地分享给对方。这样你反而更有吸引力，因为跟你相处时不需要讨你欢心。

生活的镜头快进到今日，为千和我刚刚庆祝完结婚31周年，我们比以前更加相爱了。在31周年纪念日的仪式上，孩子们都说我们的婚姻终于进入了一个令他们备感骄傲的状态——过去可不是这样的。这是怎么回事呢？

我以前认为只有才华横溢和美丽开朗的人才配拥有快乐的婚姻，因为只有那些人才值得去爱，但是我错了。虽然夫妻俩在步入婚姻殿堂时都不具备爱的能力，但只要用心学习如何爱，无论容貌、性格或智商如何都能拥有幸福快乐的婚姻。真爱和创业晋升一样需要努力，爱的积累是婚姻里最艰辛的工作，但获益的不光是自己，还有子孙后代。

我们的婚姻为何会转变？我又为何能领悟那么多？我们曾经也不得不分居，寻求婚姻心理咨询，决定是否继续一起生活。我俩当时有一个共同点，就是都坚信婚姻很神圣，所以都愿想尽办法来解决婚姻问题，正是这个共同点挽救了我们的婚姻。那份对婚姻的重视帮助我们真正改变了自己。

我们不得不去学习一些父母没有传授的技巧，比如为了谅解而沟通、为了获得双赢而解决冲突、彼此坦诚各自的感受和需要、不再以争论来说服或控制对方……在这个过程中，我们发现婚姻中最大的挑战并不是熟练掌握那些技巧，而是克服自我。

看到这里，你可能觉得我疯了。结婚不就是要找一个外在条件最好的人来保证我们的后半生吗？我们通常考虑的不就是一个人的经济条件和外在相貌吗？

有一位女孩，名叫图里亚·皮特（Turia Pitt），是澳洲的矿产工程师，也是一位漂亮的模特。她从小深受家人宠爱，大学时就有很多男孩子追求。她一边读书一边兼职做模特,在学校里很受欢迎,可以说是多数男孩的梦中女神。她的男朋友叫迈克尔。你会不会觉得他被图里亚选中很幸运?图里亚爱好广泛,在体育方面尤为突出。她选择迈克尔很可能是因为他们都爱好运动。

图里亚的一项爱好是跑马拉松。有一次她在参加马拉松比赛时遇到森林大火,全身超过 65% 的皮肤高度烧伤。24 岁还未婚的图里亚将要面对无数次的手术和痛苦。如果你是迈克尔,还会觉得自己很幸运吗?你会怎么做呢?

迈克尔决定放弃警察工作,全心陪伴图里亚,并向她求婚,愿意一生陪伴她。不久后,图里亚在社交媒体上宣布自己怀孕了,夫妻俩期待着小宝宝降生。这种爱情不是流行歌曲里那种爱做梦的靓男美女的爱,而是更深、更久、更坚固的爱,不会随着美貌逝去或钱财散尽而改变、消失,是那种时间越久越稳固、人人向往的真爱。

不结婚的人生不也同样精彩吗

要是爱情那么艰辛,为什么我们一定要结婚呢?不结婚的人生不也同样精彩吗?我们知道孤独不好,但付出那么大的代价值得吗?我想用下面这个实验来阐释为什么婚姻非常值得好好经营。

哈佛大学进行过一项研究,四任教授带领团队跟踪研究波士顿 700 多名男青年近 80 年。这些男人有一半是哈佛大学二年级的学生,另一半是从波士顿最贫困的社区里挑选的同龄人。他们被特别选中是因为其家庭都是最底层和破碎的。

研究开始的时候，每个人都接受了彻底的体检，本人、家人、同学和老师都接受了长时间多维度的采访。每两年他们又会接受同样的体检和采访。第四任教授罗伯特·瓦尔丁格（Robert Waldinger）将这项漫长的研究总结为"良好的人际关系让我们保持健康快乐"。他分享了从中所学到的三大人际关系功课。

1. 社交连接有益于健康，孤独是最大杀手。

研究显示，人与家人、朋友和社区的连接越紧密就生活得越快乐，身体更健康，比那些没有什么社交活动的孤僻之人更长寿。孤僻的人过得不开心，到了中年身体状况急速下降，大脑功能也快速退化，寿命比不孤独的人短。遗憾的是，我们不仅在人群中感到孤独，也在婚姻中感到孤独。

2. 一个人拥有多少朋友不重要，是否结婚也不是最重要的，最重要的是亲密关系的质量。

研究显示，长期生活在冲突中非常损害健康。冲突不断的婚姻和没有感情的婚姻也非常损害健康，甚至比离婚的伤害更大。积极温暖的亲密关系却会产生保护作用。研究还发现，50岁的人能否健康快乐地活到80岁，最重要的因素不是胆固醇指标的高低，而是他对自己人际关系的满意度。对人际关系满意的 50 岁之人大都能健康地活到 80 岁。良好的亲密关系能延缓衰老的速度。研究发现，拥有快乐婚姻的人即使 80 岁时身体病痛，也依然是快乐的；而婚姻质量比较差的人，当身体病痛时，精神上的痛苦更大，反过来又加剧了身体的痛苦。

3. 良好的关系不仅保护身体，更保护大脑。

拥有高质量亲密关系的人，在有需要时完全可以依赖其他人，这些人的记忆保留得更完整、更长久；而那些无依无靠之人的记忆会早早衰退。良好的关系并不代表完美，他们有时也会拌嘴吵架，但只要他们感到大难临头，便转而依赖对方。争吵不会损坏他们对亲密关系的记忆。

可是，为什么这么简单的道理却那么难行呢？互联网带来的一个重大改变是让曾经慢悠悠的生活节奏骤然加快。我们的生活节奏越来越快，渐渐喘不过气来，给予家人的时间也越来越被挤占。我们的时间和精力都不足，所以倾向于从替代品那里获得只能从亲密关系中才能得到的满足。经营亲密关系其实挺难的，需要辛苦改变自己，跟亲人沟通，解决冲突，去爱一个很多时候并不可爱的人。

相比之下，寻找替代品获得暂时的快乐就简单多了。这些替代品可能是药物或烟酒，可能是工作、赌博、手机、网络游戏及色情电影，甚至是第三者。但这些都只是替代品，只能给你带来暂时的满足感，结束后你会发现自己还是孤独空虚的一个人，还是渴望与别人建立深刻、有意义的亲密联系。

人需要亲密关系来纾解孤独，而婚姻则会对人的健康和幸福产生巨大影响。希望这些内容能帮你建立对爱情的全新认识，明白婚姻需要努力经营，更值得学习经营。

在"拉门时刻"重塑真爱

把对方的需要摆在首位才能增强婚姻中的信任感。你无须做出什么英雄壮举，只需在日积月累的点点滴滴中践行。约翰·戈特曼博士曾在西雅图开办了世界闻名的婚姻研究所，并对当地数千对夫妻进行研究，他称那种琐碎却特别的时刻为"拉门时刻"[1]。

一天晚上，我很想看完一部侦探小说。当我放下书走进洗手间时，在梳妆镜中，我看到了镜中妻子沮丧的脸。这一刻就是"拉门时刻"——我得做出选择，是溜出洗手间继续看书，对妻子的伤感不闻不问，还是关心她的感受和原因。我选择了后者，问："怎么了，宝贝？"于是，她把不快乐的原因告诉了我。当时我选择了她的需要，这有助于增强婚姻的信任感。"拉门时刻"虽然不是重大时刻，但如果你总是逃避，婚姻中的信任感就会渐渐被销蚀掉。[2]

---

[1] 拉门时刻是指那些每天看似无关紧要却对人际关系影响重大的时刻。
[2] 戈特曼.获得幸福婚姻的7法则[M].刘小敏,译.北京：万卷出版社,2010.

你也许会想，既然婚姻如此麻烦，还要它做什么？不如单身一人，自己开心就好。研究表明，人类天生需要连接，不管我们的性格是外向还是内向，都可以一个人快乐地生活，但前提是我们可以进行深入、有意义的连接。无论单身还是结婚，最有意义的连接都离不开无数"拉门时刻"建立起来的爱。如果在婚姻里掌握不好这一点，婚姻之外的人际关系也同样难以驾驭。

回到开头的问题，婚姻是爱情的坟墓吗？既是也不是。我们需要重新定义爱。用美貌征服对方，使其俯首帖耳地满足自己的需要和愿望的爱，那不是爱，而是魔法和巫术；相反，爱是漫长的修行，慢慢教会你如何将对方的需求和愿望放在第一位。如果我们能提醒自己，每天都做一个有爱的"拉门"抉择，那就是在重塑婚姻里的真爱。

在接下来的篇章里，我和丈夫为千会就各个话题进行探索，让这些"拉门时刻"发挥作用。让我们一起来学习经营婚姻吧，因为婚姻绝对值得你付出最大的努力！

佩蓉的心灵工坊

你对爱情的期待跟以上的定义有哪些差异？需要如何调整？

为千有话说

佩蓉在麻省理工读书时是学校里的风云人物。她担任过国际学生会主席,组织了许多大型校园活动。我们同一年入学,但不同专业。大三的时候我得了肺炎,不得不住院治疗。刚好佩蓉在那里做营养师,为病人提供用餐。到了感恩节,医务室放假了,我只能回去,孤零零地在宿舍里咳嗽。令我惊讶的是,佩蓉竟然带着食物来看望我。那时我明白了"那人独居不好"的意思。另一次交集是我们一起帮助朋友,我开始觉得她可能会成为我的人生伴侣。

当时我们在电话里一聊就聊到凌晨,谁都不愿先挂。那种心意相通、深入沟通的体验真是难以言喻。后来我们"官宣"交往时就是这种感觉!我不相信一见钟情,我们俩也不是一见钟情。我对佩蓉的第一印象并不好,当时她把太多精力用在了课外活动上。爱在哪里?爱在持久深入联合时,爱在舍己抱团取暖时,爱是有人愿听你滔滔不绝讲几个小时,爱是你在对方面前不再掩饰自己。

我们订婚时,决定在每只戒指上刻一段古谚的出处。我的那段提示的内容是:

第1关　不再孤独：幸福婚姻从放下自我开始

两个人总比一个人好，因为二人劳碌同得美好的果效。若是跌倒，这人可以扶起他的同伴；若是孤身跌倒，没有别人扶起他来，这人就有祸了！再者，二人同睡，就都暖和；一人独睡，怎能暖和呢？

现在我们结婚31年了，非常感激有佩蓉相伴。不仅有一个温暖的身体在身边，更有一个人你可以跟她倾心吐意，无话不谈，坐看日出日落。收获这样的生活容易吗？不容易，一切都是努力才能得到的。我们来自不同的文化和家庭，做事的方式不同，对钱的看法不同，养育观也很不同。我们甚至争论过如何正确切菜，结果发现都喜欢用自己母亲教的方法，所以原生家庭是婚姻冲突的最大来源。我们是父母教导和言谈举止的产物，价值观和沟通方式其实在上大学前就已经形成了。

跟大家一样，我和佩蓉刚结婚时也整天吵架，甚至为一点点小事吵得不可开交。说到底，吵架是"权力的游戏"——看谁会赢，比谁有理。好在有良师益友督促，我们改善了交流沟通、处理情绪甚至思考问题的方式。婚姻很难经营，真正的人际关系都很难经营，因为我们很容易就被一点小事伤害，都有一颗玻璃心。然而，没有真实的连接就永远无法享受亲密关系，不能体会真正的幸福；不牺牲尊严、放下自我就没有真爱可言。

有位导师说过一句至理名言：人要面对问题，不要指责他人。换句话说，我们要么推卸责任，要么承担责任。承担责任的会成长与改变，因为我们只能改变自己。推卸责任的喜欢找借口，拒绝改变。他们还喜欢发牢骚，把负面情绪发泄到别人身上。我完全赞同要不断提升和改变自己，但不是每个人都这么想。大约40%的人倾向于用固定模式看待问题，抗拒改变。然而，我发现自己也喜欢抱怨，把婚姻中的挑战归咎于妻子。比如，如果我们的账单超出预算，我就会想当然地认为：佩蓉超支了，根本不在乎我们的经济状况。想建立亲密关系不再孤单，就必须学会面对问题、控制情绪。面对情绪，我们可以控制自己的言行。

　　两个人确实比一个人好，可以互相补足，所以我再也不想过单身生活了。佩蓉是我最知心的朋友和最亲爱的伴侣，让我成为了最好的自己。我们喜欢一起辅导别人，因为这样可以调动彼此的想法与才能，比单独辅导效果好。养育孩子的过程中我们也发现，两个人一起会更好。孩子都试图分裂和操纵父母以达到自己的目的。我们从养育三个男孩的经历中学到，夫妻必须并肩维护规则与纪律。这种紧密关系就是在为孩子做榜样，教他们学会处理亲密关系及未来婚姻。孩子会从家长身上学到夫妻冲突不可避免，努力解决冲突才会成长。

　　我和佩蓉一起从事婚姻辅导多年，发现指责和蔑视往往会让夫妻成为同一屋檐下的陌生人。他们会指着对方批评，而不是问"我可以学到什么功课""如何才能变得更好"。曾经彼此相爱，婚后也会争吵不休或陷入冷战。如果这就是你的处境，请来寻求帮助。你不该独自面对或一走了之，那样并不解决问题。改变自己、保卫婚姻，永远都不晚。

第2关

建立团队
夫妻想合一就得离开父母

结婚与创业：我泥中有你，你泥中有我

儿时刘文正写的一首歌曾风靡我国台湾，至今我都还记得，当时很多歌星都争相演唱。歌词如下：

　　　　你侬我侬　忒煞情多
　　　　　　情多处热如火
　　　　沧海可枯　坚石可烂
　　　　此爱此情　永远不变
　　　　把一块泥　捻一个你
　　　　留下笑容　使我长忆
　　　　再用一块　塑一个我
　　　　常陪君旁　永伴君侧

将咱两个　一起打破

再将你我　用水调和

重新和泥　重新再作

再捻一个你　再塑一个我

从今以后　我可以说

我泥中有你

你泥中有我

《你侬我侬》　凯安作

当时，让我印象特别深刻的不是曲调，而是歌词。今天我稍微修改下歌词，大家再听一听：

你侬我侬　我夹其中

一方有母亲　一方有你

她很爱我　我很孝顺

第2关　建立团队：夫妻想合一就得离开父母

亲情爱情　永远不变
把一块泥　捻一个你
我这一块泥　有父有母
你融进来　成为家人
爱情孝敬　两全其美
将你一个　完全打破
再将融入　我家泥中
重新和泥　重新再作
你就在我家　的泥土中
从今以后　我可以说
我泥中有你
也有我父母

你们觉得歌词这样修改以后，父母们会不会感动得热泪盈眶？这首歌还会像以前那样令人痴迷吗？

我们接下来要讨论的，就是如何建立婚姻这个团队。两个版本的《你侬我侬》，哪个会让女孩子心甘情愿、无怨无悔地嫁给这个男人呢？

我先生林为千是微软创投的创始人。我们住在北京的时候，他辅导了很多的科技创业者，所以我也跟着学了很多建立创业团队的知识。正因如此，我们夫妇在做婚姻辅导的时候，为千都会用创业来作比喻，因为这两者的过程真的是太相似了。可惜的是，很多男性对创业兴致勃勃,什么都愿意牺牲,但一谈到婚姻,立刻兴趣索然,觉得结了婚就完成了任务,没有什么好谈的了。这是非常危险的想法。如果你决定创业,你肯定不会注册完了公司就觉得万事大吉、可以交账了,这样经营公司注定会失败。

那么,建立团队首先要考虑的是什么呢?任何投资人都会跟你说要看这个团队的好坏。这句话很惊人!我们通常认为创意是最重要的,但不是的。投资人都知道一个残酷的事实——96%以上的创业会失败。原因很多,最大的原因不是团队缺乏创意,而是缺乏执行力。因此,投资人在投资前首先要看创始人的背景,还要观察团队的凝聚力和执行能力。如果他们认为创始人值得投资,会辅导创始人建立一支优秀的团队。

很多创始人都是从大企业出来的。为什么呢?因为大企业有高效和成熟的管理体系和执行流程。这些经验能让创始人在建立自己的团队时少走弯路,少浪费宝贵时间。每家企业都有其文化和价值观,每个员工都会受此影响。所以在一个人的工作背景中,他事业的"原生家庭"是非常重要的因素。

假设你正打算从所效力的公司辞职,跟另一个和你背景相同的人合伙创业,你们要做的第一件事是什么呢?没错,你们必须双双辞职,离开原来的公司,全身心投入创业。那么问题来了,这是否意味着你们就不跟以前的老板或同事来往了呢?答案当然是"不"!你绝对不能失去这么宝贵的人脉,要跟他们保持联络。以后大家在社会中摸爬滚打总要相遇的，可能还需要彼此帮助呢！在创业的过程中，要是以前的老板总找你帮他处理业务，你该怎么办？如果你婉拒，理由是你需要把110%的精力都放在自己的公司上，老板会不会生你的气，说你是个忘恩负义的人呢？如果你真的委婉拒绝了以前的老板，同行们会觉得你是忘恩负义吗？

同理，当我们从原生家庭出来建立自己的家庭，就相当于从原生家庭"辞职"出来"创业"。现实中有多少创业者跟合伙人"结婚"，组建了新的"家庭"，却还回旧公司上班，而把创业的重担丢给合伙人呢？这样的新"家庭"会成功还是会高概率地成为那96%的创业失败者呢？要是合伙人不全身心投入，你该怎么办？是否会要求他离开？他虽然投了资却没有参与创业，等于只是股东而不是创始人。因此我的问题是，你是否真的离开原生家庭，建立了属于自己的新家庭？还是把"老东家"（父母）带进"新公司"（新家庭），让他们成为你们的"合伙人"？要知道结婚证照片上的"合伙人"是不能有长辈的哦！他们可以当"被投资公司"的"股东"，但是永远不能成为婚姻的"合伙人"，因为身份有本质的区别！

与决定投资创业公司时一定会考虑创始人的背景同理，我们在面对婚姻这场人生最重要的投资时，更要考虑对方的背景，也就是他的原生家庭。古人所说的"门当户对"指的就是这个问题。我们都明白，婚姻从来不只是两个人的事，而是两个家族的事。

我记得跟为千刚结婚的时候，我会细心地准备饭食，花好多工夫细细地洗切，想让他看到虽然我不太会做饭，但非常愿意为他做美食，希望他看到就能感受到我的用心和爱心。没想到他看后却问菜都跑到哪里去了，感觉就像菜被放进果蔬机中简单打了一下，然后吃不出每种菜的原味了！为千说他妈妈做饭时都把菜切成大块，这样才能吃出菜的原味。我是又受伤又生气，因为我妈妈教我要把菜切细切好，让人一看就知道是精致料理。就是这么简单地准备一顿饭，都能看出原生家庭的影响，那生活中的各种细节岂不是影响更深？从原生家庭而来的冲突虽然没有对错，却会带来诸多伤害、误会和争吵！

如果创业的前提是辞职，那结婚的前提是什么呢？就是跟你的"合伙人"（配偶）离开原生家庭。要跟你的"合伙人"（配偶）成为一体，首先要像《你侬我侬》里唱的那样，打碎旧的你我，成为新泥，重新捏造，我泥中有你，你泥中有我。

在北京时，我们夫妇辅导了许多有婚姻问题的夫妻，其中最常见的问题是"合伙人"（配偶）不愿意离开原生家庭而与配偶合一。这跟我们的文化和传统有很大的关系。上一章哈佛大学的研究已经证明每个人都需要亲密关系，而婚姻就是用来满足这个最基本需要的。但现实生活中，如果一个人婚姻不幸福，那他往往会去找替代品来满足这个需要。男人可能会从工作中找成就感，女人可能会从孩子那里寻满足感。当孩子长大要离开时女人却无法放手，因为她跟配偶在情感上已经脱节了，要用孩子来满足她的情感需要。因此很多时候，孩子的配偶不但没能成为家里的另一个孩子，反而成了母亲的竞争对手。再

第2关 建立团队：夫妻想合一就得离开父母

加上要是孩子没意识到需要离开原生家庭，跟配偶组合成新家庭，他就会夹在两个竞争对手中间，无法选择站在哪一边。最后常常是配偶放弃竞争，要么离开，要么把期待转向孩子，于是这种病态的连接模式代代相传。

中国有句俗话说"一山难容二虎"，英语世界也说"You cannot have two cooks in a kitchen"（一个厨房难容俩厨子）。你的一家之主到底是谁？谁说了算？要是小夫妻经常给老人让步，就说明两个"合伙人"都还没从"老公司"辞职，那又如何"创业"成功呢？听老板的指令与经营自己的生意真的是两码事。前者需要听话，后者需要各种能力；前者被动，后者需要决策力和智慧。结婚意味着迎接美好的祝福，但你准备好付出代价承担责任了吗？

先来讨论要如何离开父母。大家都挺认同这个说法，但实际践行起来却很难很苦。下面是我的一些具体建议。

经济独立——离开父母的第一步

新家的财物要跟原生家庭的分开。这并不意味着原生家庭不能投资新的家庭，关键是对投资后的理财有什么期待。父母给年轻夫妇一笔钱成家立业，但看到他们花钱的态度时会怎样反应呢？我还记得和为千买第一套房子时的情景。为千的妈妈手头有笔现金帮我们交首付，但他坚持一定要尽快把这笔钱还给妈妈。妈妈一直不要，但为千坚持要还。我也一直不理解他为什么这么坚持。为千的拒绝让母亲很受伤。妈妈要帮儿子，儿子为什么这么不领情呢？

不仅如此，每当为千换工作或跟新公司谈薪水和福利的时候，他交代我的第一件事都是绝不能跟他母亲提及任何数字。当时我觉得很奇怪，妈妈知道了，为自己儿子自豪，有什么不好？但为千坚持，我就照做了。老实说，这的确很难啊！婆婆会想方设法说服我，或者从我这里套出信息。比如，她会说某某阿姨的儿子年纪比为千小，年薪都多少多少万了，为千的收入肯定比他高很多吧，高多少呢？或者她会说，某某邻居的孩子在跟公司要求加薪，老板竟然给他加薪百分之多少多少。为千什么时候加薪啊，为什么不这样去跟老板谈判呢……诸如此类。听到婆婆这样跟我说，我才意识到为千为什么坚持不让母亲知道我们的经济状况。婆婆不是需要我们的钱，而是想要去跟别人比较，在闲聊的时候不愿意输给别人。所以一直到现在，双方父母都不知道我们的收入水平，也不了解我们的理财策略，因为没有必要让他们知道这些。

至于买房子的首付，我们第一时间就还给了婆婆。不是不领婆婆的情，而是因为她非常节俭。这笔钱虽说是她心甘情愿给儿子的，也没有附加任何条件，但当她看到我们去滑雪或去星巴克小坐就不忍心我们那样花钱，然后会怪我们不省钱过日子。婆婆不是没钱，只是她喜欢看到银行卡上的数字多几个零，不愿意拿出来花掉。我们把首付还给她后，虽然她对我们的消费方式依然不满，但因为我们经济独立，她就无权干涉我们的消费模式。所以她的批评就只是耳边的自言自语，而不会让我们内疚、自怜或感到被操纵。再加上过年过节的时候我们都会大方地送婆婆红包，虽然她还是不赞同我们的消费模式，但渐渐也就不表达出来了。

我跟为千家庭的经济背景不同，我父母把为千的谨慎和节俭看成是小气。所以我的经济独立又是另一种意义上的离开父母。虽然他们对我不放手，不满为千对我"吝啬"关怀，但这也是介入和干涉我们的生活。妈妈一直鼓励我要存私房钱，这样用起来才方便，但我一直坚持跟为千商量每一件事。刚开始的时候，我父母很受伤，觉得白养了我这个女儿，我简直是忘恩负义，因为我不但拒绝了他们的礼物，更没有对他们表达感恩。虽然这个过程中双方都经历了很多摩擦和伤害，但因为我坚持不妥协，现在他们终于学会尊重为千，不再介意他的"吝啬"了。

但消费还不是最大的问题。要是双方的父母了解我们的慈善捐款数字，无论如何都会有意见，觉得太多。他们认为要为孩子着想，不要把自己辛苦赚的钱给陌生人花，而是节省下来给孩子用。他们认为慈善是富翁的事情，与上班族无关。因此在这方面，跟双方父母保持一定的不透明绝对会免掉很多冲突。

"断舍离"才有成长空间

建立新家庭要和父母分开住，拥有自己的天地。我知道现在很多家庭因经济压力不得不三代同堂。中国有 14 亿人，居住条件参差不齐。然而，最好还是新婚夫妇有独立空间，跟双方父母分开住。这样，在磨合成为一体的过程中，他们才有成长的空间。在长辈的帮助或干涉下，小两口是无法独立的。要是夫妻跟长辈住一起，房子是谁的，主人就是谁，决定权就在谁那里。要是长辈住在小夫妻的房子里，长辈就是客人，小夫妻就是主人。老人应邀住在儿女的家里，就要尊重儿女的意愿，配合和迁就他们的生活方式。相反，要是年轻人住在长辈的家里，就是还没离开家的孩子，需要尊重和配合长辈的习惯。因此，我鼓励这些小夫妻尽快搬出去建立自己的小家，有一个独立成长的自由空间。

虽然同在一个屋檐下，但每个人所需要的空间和独处的时间都不一样。新婚夫妇要有更多时间和空间上的自由。这已经够复杂了，如果还要再照顾老人的需要，磨合和适应就会更艰难和复杂。所以，我建议跟长辈同住的小夫妻要设定好独立空间（比如自己的卧房）和独处时间（比如定期去外面约会，或者每天下班后有固定的时间做自己的事）。彼此要尊重这些规定，不经允许不能随便闯入。

以上只是一些基本原则。我在《佩蓉的妈妈经2》一书的"人脉商"中详细介绍了空间和时间上的需要及与长辈同住的其他建议。

离开父母是健康的独立，不是忘恩负义

　　另一个很重要的离开就是情感上的分离。什么意思呢？就是一些人的家庭关系很不健康，纠缠不清。如果家人之间没有清楚的个人情

感界线，当别人不快乐的时候我就会内疚，觉得这都是我的错，我让他不快乐了。相反，我不快乐时也会怪罪别人，认为既然你已经替我做了所有决定，控制着我的生活，我不快乐你就要负全责。因此，家庭关系要健康，大家就需要了解与尊重彼此的情感界线。每个人在空间、时间、身体、情感、财物和思想方面都应有自己的界线。我们只有在思想和情感等方面给对方自由，才能承担相应责任。反之，若我们不给他人自由，试图侵犯对方界线来控制对方的思想、行动和选择，就要为其后果负责。这种彼此纠缠的生活方式让人很累，最终大家会精疲力竭。

因此，我们常看到家庭生活中的滥用情感现象。这是因为人们该与父母在情感上分离的时候没有分离，以致婚后该在情感上联合的时候却无法连接。所以，人们首先要做的是断开跟父母的不健康情感连接，作为独立的个体跟配偶建立健康的情感连接。一个人的原生家庭越健康，这种分离的过程就会越顺利。

需要注意的是，情感上的分离并不意味着我们就对父母不理不睬了，而是停止承担无关的责任。

刚结婚时，我妈妈常把我当成还没结婚一样，周末要我从洛杉矶飞回温哥华的家。每次我跟她说要先跟为千商量的时候，她都会很不高兴地说："辛辛苦苦把你养大，你是嫁给他又不是卖给他，什么自由都没有了。干吗回娘家一两天都要问他？"我会耐心地解释我现在跟为千是一体的，需要先考虑他，还有我们两个人的时间安排。刚开始几次，妈妈都会大声跟我吵，然后骂为千这里人品不好那里心机不正。我会一直耐心地跟她说："妈，他是我的丈夫，请尊重他。"她会说："我吃的盐比他吃的米还多，凭什么要我尊重他？"最后我会跟她说："妈，stop。你要是再这样骂为千，我就把电话挂掉。"头几次，她听我这样说会更生气，骂得更厉害，然后我会很平静地挂上电话。

一开始妈妈伤心透了，让爸爸告诉我，我这么狠心让她伤心得都病了。我听了之后非常内疚。那时我刚开始学习建立人际关系界线的功课，意识到我在为妈妈的情绪负责，而妈妈会用这种苦肉计来操纵我，使我服从命令。她不管我在洛杉矶已经有了自己的新家和新生活，只要她有需要我就得满足她。

2004年著名心理学家苏珊·福沃德（Susan Forward）创造了"情感勒索"（emotional blackmail）一词。它的定义是指人用情绪（愤怒或眼泪）来控制他人。被勒索的人会被迫去做自己不想做的事，因为他们要维护与勒索者的关系，降低对方不满给自己带来的焦虑，或者不被勒索者贬低。她将情感勒索技巧总结为"恐惧""义务""内疚"三个词。

"恐惧"就是指勒索者用怒气来威胁被勒索者，使其失去安全感。被勒索者感觉要是不照要求去做，关系就会断绝；或者被怒气震撼，因此会不计代价去满足要求。

"义务"勒索法则常通过说反话进行。比如，我妈妈前面的做法就属于说反话。"辛辛苦苦把你养大，你是嫁给他又不是卖给他，什么自由都没有了"这句话的效果是：我产生了内疚感和罪恶感，觉得没有尽到做女儿的责任。

最后一个技巧就是利用内疚感来勒索对方。勒索者通常会用贬低性的言语让对方感觉自己是不合格的人。比如我母亲使用的"卖给他""忘恩负义"等让我觉得拒绝她就等于做个不合格的人。这种内疚感的力量很大，让我感觉顺从比拒绝要简单和舒服。久而久之，母亲会习惯性地勒索我回家，但是她感觉不到爱，因为知道我不是心甘情愿回去而是被她逼回去的。结果就是我们对彼此都没有安全感，一直恶性循环下去。

苏珊·福沃德对此做了一个总结："情感勒索就是两个不安的人用不恰当的方式互相取暖却又让彼此受伤。"

《情绪勒索　情感纠缠》　凯安作

更可怕的是，当我被这种情感勒索逼回家的时候，丈夫会受伤，因为我在做决定前不会考虑到他，而他会越来越觉得我们不是一体的，我妈妈永远排在他前面。再延续下去，我也会勒索我的孩子，这些技巧在控制行为方面很有用。因为我被情感勒索过，知道这会让我失去真正想要的——孩子们主动来爱我。所以现在需要停止这种一代又一代的恶性循环了。

原生家庭并不是唯一会发生情感勒索的场合，男女朋友之间（比如"你再跟那个人说话，我们就分手"），老板和员工之间（比如"是我看中了你，你不加班没关系，后面还有十几个人排队要干你的活呢"），任何亲密关系中都会出现这种现象。只要我们继续被勒索，这种恶性循环就会持续下去。要切断这种恶性循环就需要我们冒险——拒绝被勒索。虽然关系可能破裂，但只有这样才会修复成健康关系。苏珊·福沃德还写了一些相关的书，其中一本叫《中毒的父母》(Toxic Parents)，里面描述的病态亲子互动模式在我们的文化里很常见。

现在回想起来，情感分离真的很像正面管教孩子，一次又一次和善而坚定地跟妈妈说"不"。幸运的是，妈妈很爱我，虽然多次生气地说要断绝母女关系，但每次都很快又和好了。更让我惊讶的是，父母也开始学习尊重我的界线，接受了我在情感上的离开。因为我婚后的改变，父母也不得不面对他们婚姻中的问题。正因如此，他们的婚姻也有了改善。现在，要是他们需要我做什么，会提醒我先跟为千商量再告诉他们结果。他们也非常尊重为千的意见，觉得他的分析很有道理。要是我当年妥协了，不敢表达我的感受或屈服于妈妈的要求，说不定为千早已被我们排斥在外，他也不会成长为一个负责任、有智慧、有担当的男人。

我要提醒大家的是，离开绝不意味着断绝关系，而是在家庭关系中有了新的优先次序。要是你意识到自己原生家庭有些比较复杂的背景，就需要做进一步了解和处理。

一定要留心，健康的独立不是忘恩负义，而是让你更自由地去爱父母，使父母知道你爱他们不是因为别无选择，而是心甘情愿。

佩蓉的心灵工坊

1. 在婚姻与创业这个比喻里，你作为新"公司"的创始人之一，有没有在经济、情感、身体（居住）和思想上离开原生家庭？

2. 要是没有，你该如何与原"公司"的"股东"们协商？

为千有话说

我们结婚前就感受到了佩蓉父母所施加的压力。他们反对我们在一起,因为我不是他们眼中的乘龙快婿。我家并不富有,政治理念也和她家不同。佩蓉的家庭背景与成长环境确实和我的很不一样。虽然我们相识于校园,但社交圈子却没有多少交集。但是呢,当你沐浴爱河的时候,就根本顾不上那些警告的旗子了,管它是红的、蓝的还是白的。不过我们有一个共同点,就是拥有相同的信念。

我们俩从筹备婚礼一直吵到度蜜月。我们并非以吵架为乐,也不是太固执(实际上确实很固执),而是两个人都背着包袱进入婚姻。这包袱是彼此的家庭教育,是父母传递的价值观,也是从小养成的生活习惯。这包袱还是我们与父母的不健康关系,虽然不那么明显,却很沉重。无论我们和父母是亲近还是疏远,都会有一个包袱。虽然通常意识不到,但它真的会影响婚姻生活。

我和佩蓉刚开始约会的时候,并不知道她父母那么反对我们交往。后来在大学毕业典礼上双方家长见了面,佩蓉的父母极其失望,因为我不是他们眼中的乘龙快婿。他们不许我们继续交往,甚至还为佩蓉安排了相亲。他们强烈反对我们结婚,尽管我竭力争取也没能得

第 2 关　建立团队：夫妻想合一就得离开父母

到祝福。毫无疑问，他们不会参加婚礼。不仅如此，他们还找人来破坏婚礼。

我家虽然没那么戏剧化，但我也有自己的包袱。离开父母对我来说不是难事，但我的问题可能是不够重视父母的角色。我的父母很节俭，努力工作把我们带到美国读书，供我们读完大学。我从小就很独立，很乐意到外地上大学。我离开了家乡，离开了高中同学和家人，后来又离开了大学同学，离开对我来说很容易。我12岁就开始工作挣钱，15岁学会开车。我从小就被教导求人不如求己，但这却成了我在婚姻中的难题——很难向妻子寻求帮助，也很难向她寻求我需要的东西。所以我也必须离开过去的生活方式和价值观，而不是强加给妻子。为什么妻子非要遵从我对金钱和时间的看法呢？

婚后岳父母依旧对我们保持高压态势，我们俩的考验和压力也主要来源于此。岳母一直要求佩蓉和我离婚。岳母我行我素，在家里说一不二，牢牢控制着佩蓉，不想和别人"分享"自己的女儿。但让我更痛苦的是，佩蓉心中似乎总是妈妈排第一我排第二。值得称赞的是，佩蓉顶住了压力，慢慢对我及家庭有了自己的想法。因此，健康而牢固的婚姻关系需要夫妻双方离开原生家庭，组建新的家庭。

我多希望说我们很快就合二为一啊，可实际并非如此。结婚5年后我们有了第一个孩子。我们从哺乳到睡眠安排等都吵了一个遍，还有家访和怎么度假也吵过。虽然后来岳母不情愿地接受了我们的婚姻，却想主导养育孩子，这又给佩蓉造成很大牵制。我和佩蓉都是在北美接受的教育，思维方式很西化。我们无法理解为什么在儒家思想里父母对孩子拥有所有权，绝对顺从父母才算孝顺。在我们看来，养儿不是为了防老，而是要训练他们收获人生成功。虽然双方父母都无法接受我们不再走他们的人生路，但我们还是设立了界线，坚持走自己的路。这是条漫漫长路，今天我们依然在建立和维护界线，不时遇到父母的挑战。

原生家庭带给我们的影响不都是负面的，我们也把父母教给的许多积极品质和良好习惯带入了婚姻。例如，佩蓉对弱者的强烈同情心来自母亲，而我尊重他人时间、守时的习惯则来自父亲。我们不能决定生在哪里、做谁的儿女，但可以选择和谁共度一生。父母倾尽一切把我们养大，牺牲了太多。尽管如此，我们依然不想被父母控制。我们愿意常回家看看，也明白他们年事渐高需要照顾。所不同的是，现在我们学会了如何与父母互动，能够在交谈和决策中分辨他们的影响。我们看到了他们的负面影响，也学会如何减轻这影响。现在，我们有事情都先商量再做决定。

这些经历让我们不想再重复那种不健康的亲子关系。所以我和佩蓉帮孩子装备自己，然后放他们离开。我们相信孩子有自己的道路和梦想，也需要从失败中汲取教训。我们深爱他们，也保持着亲密关系，但决不想操控他们。父母"绑架"孩子来满足自己的情感需求——这种害人的做法不能再继续下去了。

第3关

搭建围墙

婚姻内外都要立界线

我在这本书每一章结尾都设定了一些问题。我强烈推荐夫妻一起分享和讨论，做作业比听课还要重要。我母校麻省理工学院的校训是"既学会动脑，又学会动手"，意思是我们不仅需要学习知识，更要动手实践。你可以通过阅读或听课来学习游泳技巧，但只有跳进水里亲身实践才能学会，否则不过是纸上谈兵罢了。如果你想改善婚姻关系，你们夫妇就需要去实践所学的，不然这些知识不仅不会帮助你，反而会阻碍你。所以，请大家学习后用心做作业，也希望你们能够通过实践改变自己及你们的婚姻关系。

与外人立界线

前两章我们调整了对真爱的定义和期待，了解到组建新家庭需要我们在各方面离开原生家庭。接下来我们开始学习如何建立这个团队。我再次使用创业的比喻来帮助大家了解建立团队最重要的条件。离开了我们的"老东家"以后，我们需要牵手到底、不离不弃。英语的说法就是"I'm all in."（全心投入）。

我和为千曾为一对新人证婚。每次婚礼上，夫妻二人都承诺愿意在婚约中与对方共同生活，无论疾病或健康、贫穷或富裕、美貌或失色、顺利或失意，都愿意爱对方、安慰对方、尊敬对方、保护对方，并在一生之中对对方永远忠心不变。

你有没有注意到，这个承诺没有截止日期，也没有说当我对对方没感觉了就不用再爱他（她）了，更没有说当对方失业、车祸、残疾、生病、老了、丑了就不用再履行婚约了。但很多人却会这样做，一旦对方失去了利用价值，就一走了之。然而矛盾的是，我们允许自己这样做，却期待对方用真爱来对待我们。这又是一种不实际的期待。

古人无法选择结婚对象，夫妻却能相处一辈子，不离不弃。现在是自由恋爱的时代了，配偶都是我们自己千挑万选的，但很多人却要"试婚"，常年同居而不结婚。为什么呢？以前的婚姻没有选择，现在有无限的选择反而更艰难了。

在 2000 年，斯坦福大学的研究员希娜·艾扬格（Sheena Iyengar）在一家杂货店摆了两个试吃摊位，想看看人们究竟是怎么做出选择的。

第一个试吃摊位有 6 种口味可以选择——桃子、黑樱桃、红加仑、橘子、猕猴桃和柠檬酪。另一个摊位则在前个摊位的基础上，增加了 18 种口味。在两个试吃摊位上，顾客品尝后都会拿到优惠券，可以用折扣价买一瓶果酱。

调查结果显示，有 24 种口味的摊位吸引了更多顾客，但最终购买的人却较少。顾客一窝蜂地挤在摊位前试吃，但大多数人却因为口味太多而无从选择，干脆不买，最后只有 3% 的人买了果酱。

而到 6 种口味的摊位试吃的人不会因为口味太多而无从选择，他们能够更快地决定买哪种口味，所以最后这边有 30% 的人选择购买。

上面这个实验是心理学界经典的"果酱实验"。

最不快乐的人是完全没有选择的人；最快乐的人不是选择最多的，而是选择有限的人。虽然许多实验证明爱在自由中会呼吸，在控制中会窒息，然而，如果完全自由、没有限制，人也会瘫痪，爱就无法发挥作用。因此，只有在有范围和有限制的自由里，爱才会成长、成熟。

记得以前读过一篇文章，作者认同女权主义，不相信婚姻，所以经历了一连串的同居生活。她说刚开始时很刺激，但到了 30 岁却渐渐觉得每次遇见新的男人、每次做爱就像重新试验一样，无法安心享受，而要刻意表演来取悦对方，以证明自己的价值，真的很累。若爱情没有承诺、同居没有忠心，那就像是在做没有结果的试验。每一次连接都要用表现来证明自己的价值，无法卸下面具做真实的自己，因为我们不知道对方什么时候会不再青睐自己，离开我们去找更有征服感和刺激感的玩伴。不忠心的人不断传递的信息就是，你只有满足我的情欲才有价值，不然你就不配得到我的爱。这种缺乏安全感和保证的爱情只能扩大焦虑感。

在一个不需要忠心和没有自我约束的世界里，人有自由去选择，反而会缺乏安全感。

现代人结婚后有一半以上会离婚。为什么呢？提摩太·凯勒说，我们都认为别人的私欲是人际问题的根源，但你的私欲却会激发别人的私欲。如果人们想获得成功的人际关系，就得有一方打破规律、选择牺牲。

现代文化鼓励人们随时随地保护自己的利益，不断寻求更好的机会，但这种个人主义的结果不是更多人变快乐，而是更多人变得不快乐。大卫·布鲁克斯（David Brooks）是《纽约时报》的专栏作者。他在宾夕法尼亚大学2016年的毕业典礼上说：

> 我们生活的社会十分强调自由和个人选择。然而，我最近的一个重要心得就是，如果你花许多年让自己拥有随意选择的自由，那你的生活将会变得无力且破碎。

他还说：

> 想要收获满意的人生就必须做出承诺。你不得不放弃一些选择的自由，这样才能体验到更高层次的自由。那种自由是你确立方向、锁定道路并提高能力后才可获得的。正是这些限制使我们获得更高层次的自由。在自由演奏钢琴之前，你

第 3 关 搭建围墙：婚姻内外都要立界线

必须"强迫"自己苦练好几年。

本书一开篇我就讲了，婚姻里的爱不是一种感觉，而是一种能力。就像练琴一样，我们越熟练就越有爱的能力，也越能感觉到被爱。有终身承诺的爱情会给夫妻带来足够的安全感。因而他们能放下戒心和伪装，以最真实、透明的状态来面对同样脆弱和坦诚的配偶。这种安全感使我们敞开心灵，享受婚姻激情。

美国西北大学心理学教授黄维仁博士说：

"委身"是一种意志上的抉择，人性中有很多软弱。如果没有这样的承诺与委身，现代婚姻很难长久，因为你总是希望从不同的伴侣身上得到满足。这其实非常可惜。

我跟为千结婚 31 年了，发现感觉很容易撒谎。婚姻里面的感觉常有起伏，但也有循环性。当我们觉得自己不爱对方时，只要凭承诺和意志继续用爱的言语和行动来对待配偶，对方也会积极回应，然后我们的感受就会跟着改善。这不是虚伪，而是舍己。相反，要是我们跟着感觉走，配偶的负面反应就会恶化我们的感受，就会启动恶性循环。坚守诺言的人不会问："这个人适合我吗？"他会问："这个人能使我成为更可爱的人吗？我爱她的方式能使她成为更可爱的人吗？"

黄维仁博士还说：

只要愿意成长，我们就可以借着委身，帮助自己也帮助对方发展出过去欠缺的美德与个性。比如说，本来是理性的可以发展出感性，本来是情感比较充盈的能够发展出理性，本来是外向的现在可以增加深度，本来是内向的现在可以变得外向一点……这些都是婚姻能帮助我们成长的地方。

为千在大学时代比较内向。他最向往的工作是把自己关在实验室里做事，不用跟人打交道，因为他觉得跟人交往很麻烦。我在大学时代决定放下医学进入商界，因为我比较外向，最喜欢的就是跟人打交道。我们结婚后为千成了企业高管，整天跟人打交道也不会感觉累和麻烦；而我则理性地学习如何管理情绪，让理智帮助我做更好、更理智的妈妈。要是我们进入婚姻的时候没有承诺，很可能因为彼此的性格差异而放弃，去寻找更适合自己的人，反而失去了很多成长的机会。

与配偶立界线

让我们再回到创业的比喻。我们彼此承诺要把新家建设好，那下一步该怎么办呢？如果说婚姻是项伟大的长期工程，那这项工程肯定要建保护墙，不许小偷、强盗进来损害里面的宝藏。犹太箴言说："人不制伏自己的心，好像毁坏的城邑，没有墙垣。"围墙指的是什么呢？那就是婚姻的界线，而设立婚姻的界线需要人制伏自己的心。

界线一：防止第三者偷走幸福

婚姻需要什么样的界线呢？第一种界线就是攘外。进入婚姻来偷窃幸福的小偷是谁呢？就是所谓的第三者，也是亲密关系的替代品。很可能是工作、爱好，甚至是长辈、亲戚、孩子，或者朋友。不让第三者侵略婚姻的最好方法就是保护我们与爱人的关系，不许其他人或替代品比配偶更亲近我们。上一章说到，离开父母就是重新调整家庭关系的次序，把配偶摆在父母和孩子的前面。至于家庭以外的关系，我跟为千接受婚前辅导时设定了一些攘外的界线以保持彼此信任，下面列出一些供大家参考：

• 不单独搭乘异性的车，要搭车得有另一个同事在场。

• 与异性单独会谈时办公室的门要敞开，否则就在公共场所会谈。如果在封闭的空间与异性同事接触，要确保有第三方在场以避免可疑言行。

• 异性同事向我们寻求帮助时，在对方同意下要把他（她）介绍给配偶认识，让配偶来帮忙，或者一起解决问题。

• 为千出差过夜时会通知自己的朋友，让朋友打电话问候自己。一方面，电话聊天能解除在酒店的孤独感；另一方面，他清楚朋友随时可能打来电话，因而确保不会做一些承诺以外的事情。为千每晚都会跟每个家人通话谈心。他是个讲故事的高手，外出旅游时每晚都会编一个故事讲给孩子们听。

界线二：以健康的习惯保养婚姻

实际生活中，夫妻需要共同培养一些健康的习惯。我在《佩蓉的妈妈经2》一书的"婚商"中提了10个建议，包括定期约会、天天沟通、使用建设性而不是批评性的语言、向爱情银行存款等。但是，为什么需要制伏自己的心呢？因为你不会每天都想花时间跟配偶沟通、定期约会，说好听的话。我们的天性是被动地去享受别人的爱，而不会主动克服惰性，花精力去爱他人，尤其是自己已经很累或没有感觉的时候。但如果我们把这些要求公式化，它们又会让人有负担而不是心甘情愿地去付出。这又涉及下一层的界线问题，也就是围墙里的人如何管理彼此之间的界线。

界线三：婚姻内夫妻要管理好自己的界线

你会觉得很奇怪，我们都是一家人了，也离开原生家庭跟配偶合为一体了，为什么彼此还要立界线呢？这是因为，二人要合为一体，首先要确保他们是两个独立的个体。连自己要什么和不要什么都不知道的人，不可能把自己献出来跟别人连接。因此，我们需要学会为自己的感受、心态、行为、选择、限制、欲望、思想、价值观、才能和爱好等负责。

你知道吗？中国历史上匈奴人能攻进中原，不是因为万里长城不够高大坚固，而是因为内奸从城里开门迎接匈奴人！同理，如果夫妻之间没有协调好彼此的界线，就有人可能会打开城门放仇敌进来。

第3关 搭建围墙：婚姻内外都要立界线

例如，丈夫要我去做一件我不想做的事，如果我没有管理好自己的界线直接跟他说"不"，我就要承担他对我失望的后果；或者他也不懂得尊重我的界线，开始发脾气，用怒气强迫我去做，我可能就会借用妈妈的力量，说妈妈不让我做，然后女婿可能就会怪丈母娘"干涉内政"。智慧的夫妻不允许家里出内奸，把妈妈从墙外拉进来。他们会学习管理界线，让城里的人更加相爱而不是彼此防备。

所以，夫妻合一的最基本条件是各人先管理好自己的界线。二人出于爱而乐意付出，彼此相爱，合为一体。我在这里总结一下心理学家克劳德和汤森德在《为婚姻立界线》这本书里面讲的10个界线原则：

1. 因果原则。因果可分为以下两类：

（1）关系的因果。爱发脾气、大声骂人、喜欢动手或常贬低家人的人会感到家人在情感上远离自己、惧怕自己，从而无法主动表达需要爱。时刻需要陪伴或哄着的妻子会使丈夫筋疲力尽而爆发或开始撒谎。起初，为千下班累了就开始发脾气。开始时，我会怪罪自己，生气地回击他而大吵起来，或者发泄到孩子身上。当我学会立界线后，我开始为自己的负面反应负责。我会带孩子出去，让为千冷静下来，这样他就不会冲我们发脾气了。同样，我以前每次来月经就会特别敏感，情绪上很容易崩溃，然后家人都要提心吊胆、小心翼翼地跟我说话，也会回避我。后来，他们为自己的反应负责，也跟我沟通了那些行为的后果。所以每当我情绪恶化的时候，家人会推我出门散步，让我冷静下来反思自己给家人带来的伤害。

（2）行为的因果。比如，丈夫因为打游戏而迟到，或者因为没去上班而被开除，赌博输了需要家人帮忙还债等。刚结婚时我经常因为忘记按时下班而约会迟到。很多时候我们提前定好了活动，可我一回家就要不断道歉，为千已经等得很生气了，然后他会责备我。我会先忍着，听够了忍不住了就跟他吵。事后虽然和好了，但下次我还是会迟到，改不了养成的习惯。当为千学会立界线后，每当我迟到了他就单独离开，让我去跟对方解释道歉，或者干脆取消活动。这样几次之后，为千不生气了，我也改掉了迟到的坏习惯，获得成长。

2. **责任原则**。人只可为自己的分工、感受、心态和反应等负责，不必替对方承担责任，更不能因为习惯于出手拯救而让对方失去成长机会。前面讲的赌博负债就是个好例子。要是妻子赌博把家里的钱输光了，然后丈夫和家人都去拯救她却不限制她，就等于在害她而不是帮她。当她的信用卡被冻结，银行存款被限制，经历到了痛苦才会改变行为。

3. **能力原则**。人没有能力控制和改变他人，只能改变自己的一些习惯。如果我们经常问"我要如何让配偶……"，其实就是在试图控制他（她）。出于这种思维的言语和行为会让婚姻陷入权力斗争。对方要么抵触我们，在情感上疏离、不亲近我们，要么就学会敷衍或欺骗我们。要记住，我们无法让配偶成长、负责和改变，只能自己去做。

4. **尊重原则**。要想让别人尊重我们的界线就要学会尊重他人的界线。当我想让为千陪我去参加活动，可他不想去，我会很挣扎。如果我跟他生气，讲一些话让他内疚，虽然最后会逼得他同意，但这绝不可能让他心甘情愿地陪我去。这时我需要成长的就是学会尊重为千的界线，自己去参加。为千从高中时就是自行车运动员，他热爱户外活动，而我则是"宅女"，有时间就待在家里看书、玩乐器。他尊重我的界线，自己出门骑自行车。可当我提出跟他去骑车的时候，他就会感觉特别被爱，因为知道这不是我喜欢的事情。虽然我不喜欢骑车，但因为是甘心乐意陪他，骑的时候也就不会抱怨或发脾气，而是忍着屁股的疼痛跟他一起运动。

5. **动机原则**。我们可以答应对方的要求，但也有拒绝的自由。我心甘情愿陪为千去骑车，享受骑车，与被他逼着去骑然后一路上忍受屁股疼，其心情是完全不一样的。惧怕带来的后果往往也不会让对方感到被爱。这些惧怕包括怕对方生气，怕被认为自私，怕不被爱，怕失去对方认同，如此等等。

6. **评估原则**。我们需要评估自己的界线给别人带来的痛苦，但痛苦不等于伤害。看到别人因为自己的界线而痛苦并不意味着你在伤害他，说不定痛苦正在让他成长，上一章我跟母亲的例子就是这样。我挂电话的做法给她带来了痛苦，让她不得不去面对婚姻里的问题。我的拒绝使她开始需要我爸爸了，而不是一有需要就来找我。为千不等我而去参加活动，这给我带来痛苦，让我下定决心改掉迟到的坏习惯。很多时候，没有痛苦就没有成长和成熟的机会。

7. **主动原则**。我们需要主动根据自己的价值观和需要来解决问题。太多时候我们用的是最被动的方法,那就是压抑和忍耐到最后才爆发。但这种失控的做法所带来的巨痛远超过主动解决问题所带来的小痛,而且这种巨痛的程度是无法控制和预料的。讲清界线,先让对方经历小痛然后再一起解决问题,这才是积极主动的原则。

8. **羡慕原则**。要是我们总盯着界线以外的人,盯着别人有而我们没有的,就永远得不到自己想要的。羡慕无法带来改变,只会让我们感觉无能、无助和无奈,因为我们把心思意念都放在了别人身上,而不是专注眼前的选择及如何选择才能让自己快乐起来。羡慕和渴望不一样,羡慕缺乏行动力,但渴望带来行动力。羡慕别人有一件我买不起的衣服会让我觉得很不快乐;而渴望那一件衣服,然后给自己制定储蓄规划,能给我动力去节制开销来购买那件衣服。

9. **行动原则**。夫妻要主动建立界线,不要在界线被侵犯之后才被动反应。知道自己该做什么跟实际去做有巨大差别。这就是我一再强调阅读本书后要做作业的原因。付诸行动就可能跌倒或走弯路,只有失败过后才可能反省,然后调整和改正才会进步。没有失败过或走过弯路的人不可能练就真功夫,只会纸上谈兵。

10. **曝光原则**。我们要让对方了解自己的界线。一方不讲清界线,对另一方来说就等于不存在界线。我们在北京的时候,玫瑰比百合要贵很多,所以孩子们每次都是买百合花送我。我收到花的时候总会表现出多么喜欢百合,但从来不告诉他们其实我最爱的是玫瑰,因为孩子们是用辛苦赚来的零用钱买的，而我不想让他们花费太多。回美国以后，两种花的价格差不多，我才告诉他们最喜欢的是玫瑰。他们听了很伤心，觉得我这么多年一直都不表达自己真实的情感，害他们一直送错花。这只是送花，要是在更关键的事上我们不表达自己的喜好，怎能期待丈夫或孩子懂得如何爱我们呢？

与自己立界线

最后需要管理的围墙，也是最重要的一个，那就是与自己立界线。这也是最艰难、最少有人愿意接受的训练。如果我们有完全的自由却没有学会承担相应责任，也不会成长。我们需要学会限制自我，这样才能给对方成长的空间。

如何与自己立界线呢？

1. 我是否在对方面前扮演超人？要记得，我们都不完美，不是万能无限的。

2. 我是否能诚实地面对自己的缺陷，而不是一口否认？不面对自己缺点的人永远无法改进，令自己得到成长。

3. 我跟家人在一起时，是心不在焉，还是全身心地投入度过一段高质量的时间？

4. 我承诺要做的事情，是否能负责任地完成？

5. 我会从别人的角度考虑问题，还是在思维和行动方面比较自我？

6. 我是常常批判别人，还是真诚地欣赏和称赞别人？

如何知道自己有控制欲呢？

1. 不能尊重别人的"不"。

2. 谈事情时，我们强调的是对错而不是选择的自由。

3. 当别人不听从自己的建议时会惩罚别人。

4. 感受到别人在抵触自己的建议。

我们可能都见过这种强势又有强烈控制欲的人，很可能就是我们的母亲，但我们是否意识到自己也正在成为那样的人？情感勒索的三大技巧——恐惧、义务和内疚——你用了多少招？你要是有这种控制他人的倾向，就要约束自己了，不然将付出代价，那就是会失去对方的心。对方若要以失去自由为代价来爱你，心里难免就会抵触或怨恨你，因而心会远离你。这不是你想要的。到这种地步，你收割的将是孤独。

如果你是被控制的那一位，可以跟配偶表达自己的感受，恳请配偶进行自我约束。控制者要学会从其他地方得到满足，闺蜜或哥们儿是不错的选择，不要期待配偶能满足自己的一切情感需要。

我们只有先制伏己心，才能跟另一个人合为一体。

佩蓉的心灵工坊

1. 你是否准备好忠于婚姻？这是关系成长的前提。

2. 你们夫妻是否建立了健康的界线来保护家庭？请列出你们所建立的界线。我在前文给出了10个界线原则，你们需要在哪些方面下功夫实践呢？

3. 在你们两个人中，谁的控制欲更强，谁是受控的一方？如何调整以尊重彼此的界线？请描述对方的界线给你带来的痛苦，你又是如何因此而成长的呢？

这一章的内容特别多，也特别重要。很明显这些内容不是你们在一周、一月，甚至一年里就能精通的。我跟为千结婚这么多年了还在学习立界线。希望你们夫妇能够经常回顾本章，建立一个心理健康、抗震力强的新家庭！

为千有话 说

我家男孩还小的时候，我就考虑让他们参加一项既有助于锻炼身体也学会与他人合作的团队运动。足球自然是个不错的选择，因为门槛低，我们家附近就有家少年足球机构，更重要的，这是一项伟大的团队运动。但加入该机构有一个要求，即家长要参与志愿活动。尽管我在学校从来没踢过足球，但因为想参与到孩子的生活中，所以还是当起了志愿教练。

因此，我要接受教练培训，学习比赛规则，并以有趣的方式把规则教给孩子们。第一课我们学习了球场知识，还有如何判断球在场上还是出界。简单来说，就是看球是否在粗白线标记的矩形空间内。当球出界时，裁判会吹哨子暂停比赛，因此球员们会尽力把球留在禁区内，这样就不会打断比赛了。

婚姻是一男一女一生相守的誓约。婚姻幸福取决于两个人持守誓言并学会立界线。你可能认为这已经过时了，但许多研究，包括哈佛大学的一项长期研究都表明，深层、健康的人际关系特别是婚姻关系可以带来持久的幸福。婚姻要成功离不开持久的信任，而这则建立在承诺之上。如果我们像孩子踢足球那样遵守规则，待在禁区里，婚姻就会很幸福。

第3关 搭建围墙：婚姻内外都要立界线

我年轻的时候不太懂如何与异性交往。虽然成长过程中看到了父母是如何相处的，也从书本和媒体上了解到一些，但在大学期间开始和佩蓉交往时还是不太明白。不过我和佩蓉都清楚，交往意味着我们成为彼此的专属天使，不再和其他人约会。但我们那时候太不成熟了，好在身边有导师指引。我们学到的第一个原则是谨慎地处理与异性的关系。既然我们在交往了，如果佩蓉还跟其他男生出去玩，我就会感到不安，心生嫉妒。作为男朋友，我对得到佩蓉多少关注有着自己的期待值，但当时我们却对承诺各有定义。

这些年来我们认识到，虽然每对夫妻的承诺可能各不相同，但人们还是普遍认同信任、共度美好时光和良好沟通这些做法。我们学到的最实际的原则是学会处理与异性的关系。为此，我们制定了规则——除非事先告知对方并得到许可，否则不要独处，更不要与异性进行辅导或亲密讨论。承诺不在于你认为做什么就够了，而在于对方是否感到亲密与安全。我们不是为了得到好处才交往的，所以了解伴侣的需要和爱情语言很重要。我们31年的婚姻经验证明这是一条基本原则。这就是禁区，能帮我们建立稳固婚姻。奥运会的每一项比赛都有明确的规则和界线。网球、篮球、曲棍球、足球、田径都有自己的规则，运动员唯有先遵守才能参赛乃至获胜。

很幸运，我和佩蓉的婚姻建立在与异性立界线的基础上，因此我们能够共度美好时光，忠于婚姻誓言。尽管我们俩也经历风雨，走过幽暗，吵到濒临离婚，但还是能回归起初的承诺，回归在亲朋好友面前立下的誓言。正是这份承诺让我们避免陷入婚外情。当然，我过去跟佩蓉交恶的时候也幻想过找个更处得来的女人一起生活。有很多次我真的想结束这段婚姻了，但又想到出走和背信弃义其实反映出自己有问题——内心未得治愈，没有安全感。

男人在工作中特别要小心，因为我们花很多时间跟女性共事，而且和一些人在一起的时间常常比和妻子多。在招聘和工作时要注意保持情感界线。我很自豪地戴着结婚戒指，这是在告诉所有人我拥有幸福的婚姻。我对和女性共事没有意见，但因为有自己的界线，所以从来不和她们单独出去。如果需要和女性单独开会，我会选择公共场所，或者确保办公室开着窗户，这样我们就能被人看到，即便是私人谈话也没关系。另外，我会注意远离调情和暗示性的评论，避免让自己陷入诱惑，不让其他女人进入我心，因为那个特殊位置只属于我的妻子。职业男性陷入婚外情通常不是主动去找的，而是受到了奉承的引诱，被温柔细语打动。男人在家里得不到肯定和尊重就会到家庭外去找替代品，这时尤其容易被引诱。我们需要提前订立界线，受到引诱及时刹车。找我辅导的男性，我都会劝他们面对引诱不要妥协。还是那句老话，如果你不想被烧伤就别去玩火。

孩子们练习一段时间就能理解在球场上划白线的目的。他们学会了尊重裁判，甚至裁判不吹哨也能意识到出界。他们很快就消化了规则，充分享受足球的乐趣。球员们需要一些时间才能与队友合作，包括传球和互相帮助，婚姻也是如此。我们应从订立规则和界线开始，这对享受婚姻幸福至关重要。除了为婚姻立界线，本书还会讲到其他婚姻原则。我为每一位忠于妻子的男人鼓掌，现在让我们进入下一章！

第4关

解答性爱

点燃幸福婚姻的核能引擎

关于性爱，我在各个圈子里都没有看到很全面和科学的教导。我认为性爱是地球上最美好、最神奇和最伟大的事情，是婚姻的核武器，也是最容易被人扭曲、滥用和贬低的。在这一章里，我会先谈人们对性爱的误区，以及这个强大武器的潜在危险，然后我会花更多篇幅提出实际建议，即如何打开性爱这件神奇的礼物，让性爱真正成为婚姻的核能引擎。

男女性事大不同

我们先来了解一下男女在性爱方面的差异，以及这种差异带来的困惑。最大的差异就是人们常说的，男人用爱情换性爱，女人用性爱换爱情。很多研究发现，男人经历的性高潮远远超过女人，有些女人甚至从来没有经历过性高潮。不能不说这是种遗憾，因为性爱的功能远远超过一时的性高潮。性爱使两个人的身体、情感和灵魂在最深处连接，使人的需要得到最彻底、最深层的满足。因而我们需要了解两性差异，以及如何根据这些差异让双方都能体验到最深层的满足感。

首先，男人从零到性高潮只需要 3~10 秒。不过，他们在通向性高潮的过程中却急迫得像个要去小便的 3 岁男孩，只要一点火就很难刹车。相反，女人从开始有一点点兴趣到开始热身进入状态需要更久时间，而且不会有什么紧急感，所以中途刹车也不会感到很大的挫败感。男人可以一晚多次达到性高潮，而且每次过后没几秒就兴味索然。女人则需要更长时间才行，但每次过后却陶醉其中，想要延续刚刚的亲密感。男人的性兴奋靠的是视觉和新奇感，女人则是靠感受和亲密关系。当然了，这些都是概括，少数男女也有相反的情况。

其次，另一个重要的性别差异是达到性高潮的渠道。男人很简单，就是那个性器官。女人却复杂多了，有 5 种器官——乳头、阴蒂、阴道、G 点和 A 点。女人也有可能在不同时期有不同的敏感区。有意思的是，男人可以仅凭视觉就被刺激，所以很多时候他只看妻子的某一部位（不一定是常见的性器官）就能性趣勃发。

听到这里，你会不会觉得有点失望，甚至绝望了呢？好像上帝特意把男人和女人放在相距甚远的两个星球，让他们难以找到共同点。性爱简直是个大难题，不是吗？我的回答是："是的，这样性爱才会成为夫妻两人一辈子都探索不尽的乐园!"为什么这么说呢?

《性别差异示意图》　来源于网络

请看上页这张图。假设你是男人,婚前一想到你渴慕的那个女人会给你一切,是不是就有种急迫感?假设你是女人,当一个男人对你有兴趣了,你想要的是什么呢?他除了要永远喜欢你,还得是个靠谱的人吧。有趣的舞蹈就这样开始了。为什么这么说呢?女孩不急,可男孩却紧盯着不放,满脑子都是她,绞尽脑汁追求这个女孩直到她心动。

这也就是为什么很多女人说男人结婚就变样。因为他觉得已经把女人追到手了,性爱想要就要!生活简单了!但是,姐妹们,谁说只要结婚了,这场追求性爱的游戏就永远结束了呢?这岂不是太没意思了!记住这个差异了吧,正因为这些差异,你婚姻里的性生活才刚刚开始呢!

男人不需要太多时间就能满足自己,但谁说只要他一有感觉你就得马上配合呢?何不让他还没急迫感的时候就开始吊他的胃口,让他追求你，脑子里全是你呢？

男人达到性高潮后兴奋感立刻就消失了，常常转身就睡了。但是，谁说女人就该放弃枕边的甜言蜜语，无奈地任老公翻身睡去？

谁说一定要等到深夜，双方都累得不行才做爱，然后失去夫妻间最宝贵的亲密时刻呢？

男人一天可以多次达到性高潮。谁说一次之后就放他去睡觉呢？

要是男人的性欲靠视觉和新鲜感发动，妻子何不利用这些切入点，引导老公用谈情说爱来追求自己呢？

谁说每次做爱都要在同一个时间、同一个地点，用同一种体位，穿同一件衣服？这种做法，谁都会睡着的！男人不应靠换性伴侣来获得新奇感，而是不断地在妻子身上发现新部位、新反应，还有新的追求方式。如果初恋时的性爱是一锅沸腾的热水，那婚姻里的性爱就像汪洋大海，充满探索不完的奥妙。

婚姻里性爱的深度是无尽的，也随年龄和人生季节的转变而改变。有些季节里是丈夫追求妻子，有些则是妻子追求丈夫。在这个色情泛滥、一切以性满足为最高追求的世界里，人们对身心灵合一的渴望并不一定会随情欲满足而消失。彼此忠贞带来的安全感会强化身心灵合一，给夫妻以最大的满足。

为什么这么说呢？因为，只有当婚姻里的忠贞带来安全感时，性爱才能将情感与灵魂连接。男人可能意识不到这一点，刚开始时他的兴趣完全是由荷尔蒙驱动的。但女人的身心灵结构不同，男人必须要学习追求女人的技巧，理解女人的感受，才能赢得女人的芳心。这个过程不是以结婚为终点，而是以结婚为起点。其实，结婚以后乐趣才刚刚开始！

性爱，不求自己痛快吗

但是，麻烦也随之而来。为什么这么说呢？就像我们买了一台机器却不会用，如果滥用的话，机器不但很难用而且还可能被损害。性爱亦如此。我们中国人的文化在这方面很含蓄，大部分家长在性教育方面比较沉默，也不知道该怎么跟孩子谈性。这就像车库里停着一辆法拉利，父母扔给孩子一把钥匙，说可以开出去却不告诉他这辆车的神奇功能。

我在《丰盈心态养孩子》一书里分享了我爸爸开玛莎拉蒂的故事。他用这部车在城市里作代步工具。有次引擎坏了他去修理，机械师跟他讲，玛莎拉蒂的引擎是为赛跑设计的，要是你每个礼拜不常开着它在高速公路上撒野地跑一跑，引擎就会出故障，需要修理。其实婚姻里的性爱就像玛莎拉蒂的引擎，是婚姻里的核能工厂，在连接夫妻情感上发挥着引擎的作用。要是我们不常发动引擎，按照男女的设计全速地跑一跑，引擎就会出故障，需要修理。有一个导师跟我说，婚姻关系好的时候，性爱是蛋糕里的一小片；婚姻关系不好的时候，性爱仿佛就是整块蛋糕。意思就是说，稳定而高质量的性爱有时候能使婚姻起死回生。

性爱的核心功能就是互相满足，是为夫妻在身体、情感和灵魂上的合一而设计的。性爱要满足的不是情欲，而是唯有另一个人才能给予的连接。性爱的结果就是占有，我们会觉得自己跟对方连在一起了，不允许也没有空间让第三者介入。这就是所谓的"把自己交给对方"。男孩和女孩把心灵交给对方，从此自己不单单属于自己而是属于彼此，这正是爱情的本意。婚后身体的合一更是彰显了性爱的魅力。这就是为什么"你泥中有我，我泥中有你"，让人如此痴迷。

然而，滥用性爱是自私的表现，是利用另一个人来满足自己。真爱是相互满足。如果人们在性爱里只为让自己开心，双方就感受不到真正的幸福。这种自私带来的伤害可想而知。

性爱是怎么被滥用的呢？——从互相满足变成了满足自己，也就是跟自己做爱。性爱被滥用的结果是孤独，就是我在第一章里说的那种痛苦的孤独。

男孩追求女孩时脑子里想的都是那个女孩的身体，而女孩心里渴慕的是男孩的终生眷恋。要是男孩很容易就得到了女孩的身体，他不需要做出承诺就可以得到，一旦他觉得这个女孩"不新鲜"了，就会离开去追求更新奇的女孩。这是滥用，也是自私，男孩不用付出代价，只走捷径就获得了他想要的。同时，女孩缺乏安全感，对自己不够珍惜，因而想用身体来拴住他的心，但是，这是一场赢不了的赌博。

女孩越尊重和珍惜自己的身体，她在男孩眼中的价值就越高。

再者，男人需要新奇感，但这种新奇感要经过努力才能获得。更换性伴侣是走捷径和偷懒的做法，能满足眼前的饥饿但不能带来深度的满足感，所以需要不停地更换、增加刺激性，这样才能获得以前的满足感。性爱唯有在相守一辈子的爱情里才能不断地供应这种新奇感。

惰性会让我们觉得性生活就像吃饭一样，是本能需要，这样性生活很容易变得机械化。人饿的时候可以吃方便面，也可以享用米其林三星法餐。两种方式都满足了肚腹但体验却大不相同。因此，如果我们想在婚姻里体验到性爱的真谛，就需要像学习弹琴、练武术那样不断用心学习、研究和创新。

我们都有惰性，想抄捷径来满足正当需要，但这些捷径往往会带来副作用。研究表明，性爱带来的兴奋感、快乐感和满足感是最令人成瘾毒品的几十倍，但要是被滥用了，其毒害也是毒品的几十倍。

性爱更多是大脑游戏，而大脑又是可塑性非常高的器官，所以我们塑造大脑的方式将会深刻地影响性生活。

生物学里面有一个概念叫作"印记"。动物刚生出来时会有一个敏感期。幼崽接触到的第一个动物应该是它的母亲。有意思的是，如果实验人员把幼崽的母亲挪走，用其他动物来代替，它们就分辨不出谁是母亲。它们在这个敏感期会给身边的动物打上印记，认它为自己的妈妈。因此，你可能会看到小鸭子坚决地跟着母狗走，因为它们坚信母狗是它们的妈妈。

同样，我们的大脑很多时候就像电路板一样在等候镌刻。性行为对大脑里的奖赏机制影响特别大,因此第一次性行为会留下深刻的印记,很多人会深深地记在心里。虽然当时双方可能都不知所措,没有得到多少满足,却因为是第一次而刻骨铭心。这使我们下一次会重复第一次的经验,进一步加强这条电路。这就是为什么很多被性侵的男孩长大以后会成为同性恋,或者去性侵别的男孩;很多从妓女身上获得首次性经验的人会再去找妓女,却很难对自己的配偶产生兴趣;很多人婚后跟前任女友或男友出轨,可能也是这种印记导致的。如果第一次性行为是配偶给予的,大脑的印记将会建立在我们与配偶交合的基础上,以后还想重复这种体验。这种印记能给婚姻带来良性循环。

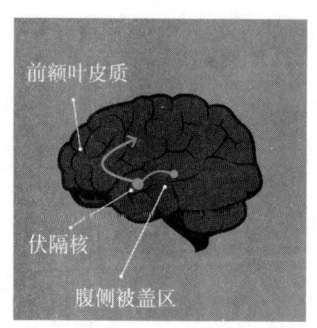 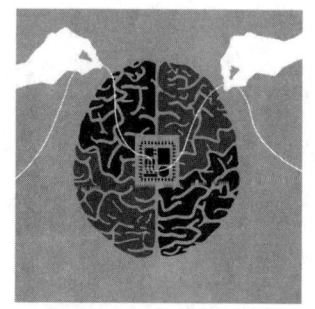

《大脑的奖赏机制》《重新建立大脑的电路》 凯安作

身体同样可以塑造。如果我们要使身体掌握一项技能,就会重复地训练身体,从而让肌肉自然回应大脑指令。要是我们在印记形成前就训练自己的身体对配偶的身体产生性觉醒,我们将在大脑里刻出一个自然的反射机制。从妓女那里获得第一次性经历或不断更换性伴侣也是在训练身体（只不过是病态的）。要是我们的第一次性经历是从网络色情片获得的，而且还养成了靠网络色情片来获得性高潮的习惯，这是在训练身体从另一个渠道产生性觉醒。

其实，每次性行为不仅在训练身体，更是在训练大脑。我们这个时代的人都很习惯延迟结婚年龄，先拿到各种文凭，累积了一定工作经验和储蓄，甚至买了房子以后才考虑结婚。但情欲上的需要是不会等我们的，很多人在结婚前就有了性经验，甚至经过多年训练形成性经验电路了。我曾写过两篇文章，谈大脑是如何在网络色情片和手淫的训练下获得性高潮的。令人担忧的是，2015年加拿大的一项统计调查显示，青少年的低性欲比例已经超越了成人。这是很不可思议的事，青少年本应是情欲最强烈的人群，怎么会这样呢？

脑神经学家加里·威尔逊（Gary Wilson）认为，看网络色情片和手淫的结果就是我们对人失去兴趣，把性生活全部搬进自己的幻想里，跟自己做爱。这种行为反而会带来更多孤独。我们需要了解射精跟性高潮的巨大差异，前者虽然带来短暂几秒钟的情欲满足，却会产生更多更深的空虚和孤独感；后者使人跟另一个人连接，从而带来深度的满足感。我们唯有跟真实的人在身体和情感上建立连接才能满足情欲和连接上的需要。

天下没有免费的午餐，任何有价值的东西都需要我们努力才能得到，性爱也不例外。要是每次情欲来了就躺在床上同一个地方、用同一种体位、在同一个时间解决了就睡了，这种懒惰的性生活就像每天吃方便面一样，饿不死但也吃不饱，浑浑噩噩地过日子罢了。难怪很多女人对性爱失去了兴趣，因为男人赢得她的芳心后就用她来满足自己的身体需要，不再追求她。女人也没有掌握跟丈夫调情的技巧，整天困在柴米油盐里，忘记了自己曾那么性感和有吸引力。要是性爱的最高境界是互相满足和舍己，可不可以为了让对方得到满足而牺牲自己的性高潮呢？要是夫妻经常体验到对方这样爱自己，那婚姻会是爱情的坟墓还是圣殿？

下次，你们可以这样……

好了，讲了那么多，怎么实践呢？我给出几个建议，这些建议会因人而异。要是你试了却没什么效果，就当成走向成功的其中一步吧。我希望经过这些探索，你们夫妻到了八九十岁还迫不及待地要在性爱中满足彼此，而不是还不到60岁就对性爱失去了兴趣。

首先，每个人都那么忙，要是你不在时间表里腾出时间，性爱很自然就会被忙碌挤掉。所以，我们夫妇再忙也会安排约会的时间，也会为我们在一起的时间做充分准备。

另外，女人进入状态需要暖身时间。前戏不一定要等到你们都上床了才匆匆忙忙开始，因为到那个时候老公很可能已经没有耐心帮你暖身了。前戏可以从一大早就开始，还可以从一句话、离开家的一个眼神、拍一下屁股的俏皮动作、穿一件新衣服、抹精油或香水开始。

调情也不一定要当面进行，也可以发短信、录音，或者留一个神秘信息。比如，妻子可以拍张照片发给在办公室的丈夫，留言说："这是我今天唯一穿在身上的东西，就等着你回来卸掉了。"然后，就看老公会不会早一点回家。等他回来可以继续调情，对他说："今天要给你看一个时装秀，我身上只裹围巾。"他的工作就是选一个最喜欢的款式。后头的前戏秀当然会更精彩了。看看他会不会尽快把孩子们哄去睡觉，洗净碗筷等候时装秀开始。

从前戏到交合，中间都是延迟满足和准备的时间。前戏也不需要限制在家里。你带孩子在小区散步的时候，或者在游乐场陪孩子玩的时候，也可以把配偶拉到没人的角落亲热一两秒，然后赶紧在没人发现的时候出来，假装若无其事。这样一整天玩下来，看你们会不会抓狂。前戏是妻子最需要用心设计的环节，因为这是你最需要的部分。前戏也可以是丈夫为赢得妻子芳心而精心设计的。虽然前戏会给丈夫带来折磨，但因为他们前面建立了期待，后面就会获得满足。

接着，应用想象力。这再次提醒了我们，性爱更多的是一场大脑游戏。我们可以正面地使用想象力，让每次性爱都有新奇感。网络色情大行其道就在于它成功地使用好奇、震惊、紧张、期待和惊异等感受来引起性高潮。我跟为千开玩笑说，以前印度爱情电影里都是一个男人和一个女人绕着一棵树追来追去，最后男人才追到女人。其实电影是在用绕树追跑这种画面来制造这些感受。

一旦我们结婚了，难度就提高了，因为要照顾孩子、处理工作，还有各种活动要忙。所以，在现代社会拥有浪漫婚恋是要付出比较高的代价的，却绝对值得。女人可以用心打扮，让自己在视觉上讨丈夫喜欢。男人在日常生活中也可以多讲甜言蜜语，比如当面或发信息来肯定妻子，用调情或爱慕的言语让她知道你很喜欢她。你们还可以在午休时给彼此惊喜，去公司附近开个房间；或者设计一个幻想世界，双方安排场景、扮演角色、演绎故事。这里没有对错，只要你们喜欢就尽情发挥。

接下来，当你们终于进入二人世界，这里也有发挥不完的创意空间。首先，在布置环境上可以充分发挥想象力。你知道"红灯区"这个说法的由来吗？因为红色的灯光会让人看不见细节，比如身体上的皱纹或瑕疵。柔和的红色灯光虽然只能让眼睛看到大线条，却可以让想象力补充看不清楚的部分，为营造新奇感创造条件。再者，很多女性都喜欢精油，为何不点燃一些精油，让环境更有气氛呢？花瓣也是很好的点缀品，可以洒在床上、地板上，或者泡在浴缸里。现在的智能手机也都能播放浪漫的音乐，为何不事先准备好播放列表呢？还有，要不要把你们最喜欢的饮料冰好，准备随时解渴？还有，也可以让配偶闭上眼睛享受你准备的羽毛，轻轻地在他身上画图或写字，让他猜你写了什么、画了什么。

其实，我只是围绕眼睛、鼻子、耳朵、嘴巴和手这五个器官给了一些简单的建议。这五种感官信息将会帮助女人进入状态，也能给男人以视觉冲击，是很好的前戏工作。在每次做爱以前，你们夫妻也可以轮流布置环境，根据你对配偶的了解而给对方一个惊喜。这些在满足对方的同时也会让自己受益。

进入了这个浪漫的二人空间，现在你们要开始彼此满足了。这是你们最大的欢乐园，也是最能发挥想象力的阶段。千万不要因为丈夫心急而压缩了亲密时刻，你们需要充分的时间来享受彼此的身体。我建议大家培养出给予彼此惊喜和新奇感的习惯。可以准备精油给彼此一个浪漫的按摩，或者妻子给丈夫设计一个黑暗里的游戏。妻子们，在这个时候让你的丈夫吊胃口，训练他延迟满足是一件好事。不要怕他太痛苦，因为你最终还是会满足他的。他需要学会等候你，并享受这个等候的过程。

有些夫妻喜欢编剧情演故事。比如他是海盗，你是被救的公主；比如他是医生，你是护士，你懂的……也有些夫妻喜欢用服装、道具等增加剧情的真实性。网络上也有不少健康网站，可以提供一些具体的建议（这不是色情信息，而是健康信息）。这些都要根据你们的舒适度来选择。要是你们之间有一个人不大舒服，就不要去做。找一找两个人都可以尽情享受的点子，不需要为了让一方满意而勉强或委屈自己。

就像马克·吐温说的，快乐要与别人分享才真实。我鼓励大家多花些时间在前戏上，享受调情的时光，不要粗暴地抚摸两下，匆匆忙忙解决了就离开。你要慢慢地、一小口一小口地、像品味米其林三星法式大餐那样享受前戏，而不是视其为一碗三块钱的方便面，一大口吞下去就抬屁股走人。这样，你会收获配偶同样用心满足你的需求。

有人会问，做爱时可不可以借助色情图片或电影？我的原则是，性爱是两个人的事情，所以只建议参考健康网站或文章里教导的技巧，或者画得比较保守的图片。你的情欲要完全由配偶来满足，不需要第三者的身体来帮忙。你们要相信我说的，也要对自己有信心——你的身体完全能够满足配偶，不需要别人帮忙。

下一个阶段，你们的身体可以接触了。还记不记得男人只有一个渠道，而女人则至少有五种渠道？要是你们没有探索过，怎么可能知道身体的其他区域也喜欢爱抚呢？不一定要用手，可以像我上面说的那样用羽毛或者其他有创意的东西。要是对方喜欢食物，何不在你身体的某部分涂果酱然后让他吃干净？

不同的身体区域会在不同的生命阶段对爱抚有不同的反应。正因如此，我才会说性爱是一个探索不完的大海。但要是没有忠贞带来的安全感，女人不会敞开心门给予彼此探索的自由，然后性爱也就永远停留在满足身体情欲的水平，没有心灵碰撞。我也鼓励大家在体位、地点和渠道上有所变化。女人除了阴道以外还有其他渠道可以引起性高潮，很多部分都能让她们兴奋起来。丈夫们，你们探索了吗？要是妻子的身体是一张地图，你在上面探索出了多少条路线呢？还是每次都只走同一条大路？妻子因你而达到性高潮，你也会感到喜悦。

这就提醒了我们下一个话题的重点，那就是舍己的性爱在婚姻里发挥着核能工厂的作用。我们夫妇结婚那么多年了，最难忘的不是哪一次的经历，而是对方用舍己的行动给自己带来的被爱的感动。妻子们，要是你觉得先生很烦，一天到晚想要亲热而你没什么兴趣，有没有考虑过你的舍己将让他多么愿意帮你做家务、看孩子？丈夫们，要是你愿意帮妻子教导孩子，有没有想过妻子会更愿意在床上扮演你的女神？这不是交易，而是从爱对方而来的产物。当男人用女人的身体来满足自己的情欲，这个女人就会感到自己是妓女，因为这就是妓女的功能。但是，当男人用自己的身体来满足女人的情欲，这个女人就会感到自己是一个被爱、被珍惜的人。同样都会有性高潮，但后者的意义远远胜过前者。

接下来，性爱并不是一达到性高潮就停止了。余晖的枕头交流时间很可能是婚姻里最甜蜜的交流时光，千万不要因为困了而错过。这是你们向彼此敞开心扉的最佳时间，请多利用这个时间向彼此的爱情银行存款。

最后一个建议是给不好意思开口的丈夫，还有对性爱没什么兴趣的妻子的。有一个妻子很烦丈夫经常要跟她亲热，但是有一次她忘记了先生的生日，所以临时跟丈夫说我送你的生日礼物就是你什么时候要做爱我就配合你。讲了以后她却后悔了，但要信守承诺，所以就去买了一个小袋子，里面装了 40 颗玻璃珠。她跟丈夫说，以后每次你要亲热时就从袋子里拿出一颗玻璃珠放在床边的小碗里面，我会在 24 小时内配合你。她无意中发现，每次玻璃珠出现在碗里时先生就把最好的自己摆出来，对她特别好也帮她做事，如此等等。因为先生知道自己不会被拒绝，所以就很期待很配合。这就增加了她对先生的好感，也让她们的性生活改善了很多。

研究证实，有稳定性生活的人对人生的满意度最高，寿命也最长，身体也最健康。是时候打开这份婚姻里的最佳礼物了！

佩蓉的心灵工坊

今天的作业是，在你的日程表里留出固定时间实践以上建议。不是一次，而是每周一两次或每两周一次，轮流来为你们的欢乐时间做准备。你愿意接受挑战吗？

为千有话说

性亲密是夫妻间非常私密的事情。我们前面讨论了承诺的问题——婚姻是一男一女誓言相守一生。性亲密也是如此，不仅用来传宗接代，也用来享受婚姻的愉悦与亲密。

然而，性亲密不只是做爱，还包括情感连接、相互理解、彼此信任和享受时光。除了养育孩子，如果夫妻还有共同的价值观和人生目标将是极好的。很难说性亲密和情感亲密孰先孰后，但没有情感的性爱则纯粹是玩弄荷尔蒙。建立亲密关系需要时间和精力，但破坏它却很容易。亲密关系是婚姻中至关重要的一环，但我们都知道，一句伤人的话或一个行动就能将其摧毁。你现在能评估下自己婚姻的亲密度吗？对结果满意吗？如果不满意打算怎么做呢？

男人要享受性亲密，先要了解妻子的"油箱"需要装进什么。我们需要正确地说出爱的语言，学习如何使她们喜悦。永远不要只是为了满足生理需求而去亲近她。事实上，女人很厌烦被求欢然后马上解决。你知道她们还反感什么吗？男人不洗澡！一身烟酒气绝对是浪漫的杀手。说到底，你只有和妻子建立情感纽带，她才能敞开心扉拥抱你，乃至以同样的方式回馈你。你要让她感受到你是那么爱她和珍惜她，她在你眼中就是这个世界上最特别的人。明白吗？

难道你不想让妻子也知道什么使你快乐吗？一起想想如何让性生活既令人兴奋又妙趣横生。可以从你希望得到的谈起，还有你愿意付出多少努力，然后再谈谈你想在情感上与她更加亲密。我相信没有哪个女人不欢迎这样的对话。除此之外，你可能还需要清偿一些旧债——请求宽恕。伤痛和怨恨不消除就很难谈论亲密关系，但从头再来永远都不晚。

我和许多夫妻分享过，性爱不是只能在就寝时进行，甚至不局限于卧室里。可以重新考虑时间地点，换换花样。试试早上或中午？客厅或车里？预订酒店，然后午餐时溜出去和配偶秘密约会？还可以创作故事，把自己想象成电影导演，片子的结局超级幸福。关键是要花时间经营，而不是只考虑满足自己。即使享受性爱之后，还可以继续亲密交谈，表达爱与感激。

可以去度假，为结婚纪念日或生日留下特殊记忆。还可以安排特别之夜，晚餐一开始就调情，缠绵几个小时，看看会发生什么。

对各位女性读者，我想说，你们是我的姐妹。你们美丽优雅，是男人的贤内助与好帮手。我知道你们可能经历过许多痛苦与艰难，有的甚至放弃了婚姻。但请再给我们一点希望，让我们一同来修复破损的关系。我们生来需要亲密关系。如果关系已经到了很糟的地步，那勇敢的人就要先迈出来修复婚姻。我相信很多读者已经做得很好，但还需要提升关系。谁不想与配偶更加亲密，在性爱中更享受满足呢？

第4关　解答性爱：点燃幸福婚姻的核能引擎

结婚30多年来，在性亲密这个话题上如果我只学到一件事的话，那就是性爱在夫妻共同探索和尝试时最欢畅怡人。这和一起培养爱好没什么两样。提高运动成绩都需要投入时间和精力，性爱也是如此。夫妻双方需要彼此商量、共同努力，享受这份美好的礼物。良好的性生活对婚姻健康至关重要。就像植物需要浇水一样，婚姻得到滋养才会按时开花。

最近我了解到保养式性生活这个概念。这个想法很新奇，但我马上就接受了。现代人的生活很忙碌，特别是有了孩子并且和父母住在一起的话。即便这样，也要优先考虑规律的性生活。这就像养花需要按时浇水一样。你需要把性生活安排上日程表，努力享受这个特殊的日子，不要草草了事。记住，性生活是为了滋养婚姻，使对方得到满足。忽视规律的性生活只会让我们失去这份神奇的礼物。

我们一直讲父母牢固的婚姻是给孩子最好的礼物。这是一生的礼物，也是人生的礼物，比进名牌学校更关乎幸福。我们为什么想让孩子上最好的学校？是为了结婚然后离婚？上清华、北大就能保证婚姻幸福吗？不要为孩子付出了一切，却忘记什么才是最重要的。

回到刚才的话题，想让性生活更亲密有趣，还有些事情需要做。想有所改变就必须尝试些从没做过的，结果取决于你付出了多少努力。相信我，这将是你做过的最好投资。

第 5 关

共同兴趣

没有友谊的婚姻休想稳固

要是我问谁是你的知己,谁是你的灵魂伴侣,你会想到谁?你的配偶——那个跟你实践火热性爱的配偶有没有入选呢?

研究表明,高质量的婚姻都以友谊为基础。生命的高山低谷会带来各种风吹雨打,婚姻在不同的人生阶段会遭遇不同的危机。危机会带来危险,但也带来成长的契机。在哪方面成长呢?在培养婚姻里的友谊上成长。

当我们情绪低落却发现身边的朋友都消失了,我们会对友谊失望。这时候,错误可能就在于我们对好朋友的定义出了错。

俗话说:"财富不是朋友,而朋友却是财富。"要是配偶也是你最好的朋友,那不管你们的经济条件如何,你们就有最大的财富了。我们来看一下"好朋友"都有哪些特点。

好朋友的第一个表现：尊重

一个长辈曾跟我开玩笑说：婚前眼睛要睁得大大的，婚后要睁一只眼闭一只眼，这样生活才会好过。任何友谊都建立在彼此尊重之上，而这种尊重并不是无视缺点的盲目尊重，而是睁一只眼闭一只眼的选择性尊重。

说到这里，很多人会认为尊重是赢来的，所以一个朋友得配得上尊重，我才能尊重他。回顾一下，当你做错事的时候，什么样的朋友最尊重你呢？这样的朋友，是在大家都很看好你时尊重你，还是在大家都不看好你时依然尊重你呢？这时候，你受到尊重是因为你配得，还是因为他就是尊重你，即使其他人都看不见你的优点？如果我们在别人都不认可的时候还有这样的朋友，是否要调整一下自己对尊重的理解呢？

参加婚礼时，我曾听到这样一个故事。有个人去看望一对结婚很久的夫妻。

他问这个妻子："你丈夫的缺点多吗？"

她说："太多了，像星星一样。"

"那他的优点呢？"

她说："只有一个，像太阳一样。"

"那你怎么还这么爱他呢？"

她说："因为当太阳出来的时候，星星就都看不见了！"

第5关 共同兴趣：没有友谊的婚姻休想稳固

如果我们也能这样看待配偶的优点和缺点，尊重对方就不是多么难的事了，不是吗？

其实尊重是一种选择，而婚姻里最需要的就是决定。无论如何，我们都要尊重配偶，不是等到他证明自己值得尊重才去尊重他。尊重对男人来说甚至比爱更重要。丈夫从刚进入婚姻时的那个幼稚男孩成长为有担当、负责任的男人，绝对离不开妻子的肯定和尊重。在这方面，我也是失败了好多次以后才学会尊重丈夫的。

刚结婚时，我最擅长的就是"告状"，常常向婚姻导师抱怨丈夫有多么不好。我以为这样做能让为千改进，却发现他对我越来越反感。有一次我跟导师说我觉得嫁错了人。导师跟我说："佩蓉，结婚以前你可以说看错了人，但是结婚以后他就是你的意中人了。"我慢慢学会了"男人多么需要尊重"这个功课，也慢慢发现我越尊重为千，他就越负责任，越愿意学习和改变自己，以此来回应我对他的尊重和信心。

我第一次面对尊重丈夫的考验是在美国。那时候为千所在的公司刚创业不久，老板不能给他很高的工资，但是给了他公司的很多股票，而且这些股票的价值一直在上升。当时我就问他："我们房贷那么多，要不要把一些股票卖掉来把房贷还清，这样就不用欠债了？"他笑我不懂经济学："傻女孩，房贷利息那么低，我们可以先欠着，拿余钱来买一直在升值的股票，这样才会越来越富有啊！"虽然我心里对欠债很不安，也看过我爸爸因为玩股票而损失惨重，但我还是选择尊重他，不坚持己见也不反对他的理财观。

很快，股票的泡沫就破了，那些股票变成了一文不值的废纸，我们也从百万富翁回到普通房奴。我咬住牙关没有说一句责备他的话。为千非常后悔没有听我的，但从此以后为千都会跟我商量家里的理财和投资决策。

不少人问我，这样"倾家荡产"值得吗？我说绝对值得，因为钱可以再赚，但丈夫对我的认可和信赖是很难赢得的。多年后，为千再次把我们的一些储蓄投资在股票上。当股市下跌的时候，我坚持一定要全部卖掉，不把任何储蓄放在股票上。为千觉得只要继续等候，价格会回升的，但因为我坚持他就卖掉了。没有多长时间股票市场又稳定了，价格又升起来。我非常后悔，但为千安慰我说："没关系，以前我付了学费学投资，现在就算是你交学费啦！"

我以前选择尊重丈夫，现在我也收获他对我的尊重。

好朋友的第二个表现：诚实

任何高质量的关系都需要信任，而没有诚实就没有信任。犹太人有句箴言说："朋友加的伤痕出于忠诚。"好朋友愿意诚实以待，即使有时候他们会用爱来伤你。

记得我们刚结婚时，在磨合的过程中经常为了一些鸡毛蒜皮的小事吵架，有些时候我甚至会为了一点小事而离家出走。那时候我们有一群很好的朋友。我们吵到不行的时候，我或为千就会打电话跟朋友抱怨，然后总会有三对好朋友来我们家。男的陪为千到一个房间，女的带我去另外一个房间。我们会分别吐槽，发泄情绪，还有告状。朋友会聆听我们、安慰我们，但因为大家都是夫妇，也是朋友，就会说些让我们不舒服的诚实话。比如，那些哥们儿会对为千说，你这样批评佩蓉也太伤害她了吧？可不可以先肯定再批评啊？陪着我的闺蜜则会说，哎呀，这个男人讲话怎么这么蠢啊！然后她们会问我，为什么你每次都要着急反驳，一定要坚持你的观点到底？你下次再遇到这种事，可不可以先忍耐不回应，保持沉默？这件事对你来讲，是原则上不能妥协，还是你太要强一定要赢才罢休？

这些说诚实话的朋友到今天仍然是我们婚姻最大的支持者，也是我们最好的朋友。虽然大家住在世界各地，但每次见面他们首先会问："你们关系怎么样？"男性朋友会问为千："你有好好疼爱佩蓉吗？"女性朋友会问我："你在别人面前肯定为千了吗？"他们这样问是因为我以前是个喜欢告状的妻子。

如果夫妻也能在婚姻里扮演这样真诚的好朋友，聆听逆耳的提问和忠告，就会不断地成长为更好的伴侣！

好朋友的第三个表现：稀缺

犹太人有一句箴言说："滥交朋友的，自取败坏，但有一朋友，比弟兄更亲密。"我们都听过甚至体验过"不打不相识"这句话，在和朋友交往中也经历过"铁磨铁，磨出刃来，朋友相感，也是如此"。很少有友谊经得起这种磨和打的过程，所以需要格外珍惜。

我爸爸富有的时候有很多酒肉朋友。那时候他收到的礼物能填满一个房间，但他生意失败后身边就没有几个朋友了。以前那些总是送礼和称赞我爸爸的朋友都很怕他去借钱，在路上偶遇会假装不认识。剩下的朋友虽然少但会雪中送炭，我们缺乏生活费时他们会做东西给我们这些孩子吃，或者在超市买东西时顺便多买一份送过来。现在，我父母最亲近的就是这些为数不多的老朋友。当下离婚率那么高，是否也是因为大家的耐力也不高了呢？你是否会在配偶经历低谷时为保护自己的利益而离开他（她）？夫妻一定要成为那种少数的好朋友，不被主流文化所裹挟，不随波逐流，持守在踏上红地毯时的誓言，坚持走好所承诺的路！

好朋友的第四个表现：逆境中不离不弃

前面讲到，少数朋友并没有因为我爸爸生意失败而停止跟我们家来往，仍像以前一样继续照顾我们这些孩子。莫逆之交心意相投，至好无嫌。他们的友谊建立在彼此尊重的基础上，接纳彼此的缺点，也在铁磨铁的过程中学会了原谅彼此的过错。

犹太人的箴言说："朋友乃时常亲爱，弟兄为患难而生。""人为朋友舍命，人的爱心没有比这个大的。"能在患难中继续交往的朋友绝对是真朋友。

我在《丰盈心态养孩子》里提到了另外一个故事。我爸爸有一个合伙人，他的公司倒闭了，因还不了很多欠款而坐牢。他也欠了我爸爸不少钱，还撇下一个年龄比较大的妻子和4个需要读书的孩子。家人因为他的失败而无家可归，被人到处追债。

我妈妈见他们真的没有钱还我爸爸，就让他们来我们家住。这位妻子很会做饭，就为我们打扫卫生和做饭，然后我妈妈就付孩子们的学费。很多人找上门来，以为我们跟他们有什么阴谋或利益关系才把他们藏起来。这些人来敲门的时候他们害怕得躲到楼上。我妈妈就堵在楼下跟这些人对骂，叫他们不要逼得人走投无路。后来，那位爸爸从监狱出来了，孩子们长大后一个个都成了医生。他们觉得在自己遇到灾难的时候我父母仍像朋友一样待他们，是真正的朋友。

在婚姻里，要是我们也能在配偶失败的时候不离不弃，我们的婚姻是否也会更加坚固呢？

好朋友的第五个表现：彼此了解

管仲说："生我者父母，知我者鲍子也。"《晏子春秋》说："衣莫若新，人莫若故。"唐太宗李世民说："以铜为镜，可以正衣冠；以史为镜，可以知兴替；以人为镜，可以明得失。"跟自己交往多年的朋友知道我们人生中的起起伏伏，有时候他们甚至比我们自己更了解我们。

可以说，前面我说的那几对夫妇就是这样了解我们的朋友。婚姻到了一定阶段，我们会惊讶地发现很多时候配偶更了解我们。经常是对方刚开始讲一句话，我就能接下去把这句话讲完，因为我们都知道彼此的思路，知道对方要讲什么。很多时候我要去做一件事却发现为千已经帮我做完了，我问："你怎么知道我要做这件事？"为千说："我跟你生活了那么多年，怎么会不知道你下一步想什么、做什么？"希望夫妻在婚姻里都能这样彼此了解，这样真的会省去很多麻烦。

好朋友的第六个表现：分享快乐也分担重担

爱迪生说："友谊能增进快乐，减轻痛苦。"以前有一次为千失业的时候我问他需要帮什么忙。我想他可能要我节省家庭开销，说不定要我出去工作来补贴家用。让我惊讶的是，他说最大的需要就是我要对他有信心，因为他最沉的重担是对未来的烦恼，其他的生活细节会比较容易处理。很多时候，我们最需要的是灵魂上的伙伴，希望他们能跟我们分享喜怒哀乐。其他的细节会顺其自然解决，因为两个人可以分担压力。但我们往往会过度关注细节，感觉自己需要孤独地面对这些感受，因此无法面对未来。在这方面，我们有没有多关注彼此的感受，一起分担心灵重担呢？我们会发现自己最能给予对方的不是解决方案，而是陪伴。

因此，你是否会想对方是不是这样的一个朋友？我在第三章说过,坚守诺言的人不会问:"这个人适合我吗?"他会问:"这个人能使我成为更可爱的人吗?""我爱她的方式能使她成为更可爱的人吗?"希望夫妻们思考的不是"我的配偶是不是这样的朋友",而是"我如何成为这样的朋友,从而使对方也成为这样的朋友"。

好朋友的第七个表现:共同价值观和爱好

古语云:"酒逢知己千杯少,话不投机半句多。"犹太人也说:"二人若不同心,岂能同行呢?"知己既能无话不谈,也能在安静中彼此陪伴。

经济基础或美貌都会过去,历经磨砺的友谊则会越来越深,越来越强。

C. S. 路易斯将情侣描述成面对面沉浸在彼此之中的人,将朋友描述成肩并肩沉浸在共同兴趣中的人。友爱必须有具体的内容,共同的兴趣便是重要的构成部分。

好朋友不但拥有同样的价值观,也拥有共同的兴趣爱好。建立在共同兴趣上的友谊能使婚姻在面对逆境时更有弹性,而且共同兴趣也是可以培养的。

对我们夫妇来讲,共同的信念影响了我们大大小小的价值观,也使我们在患难中有共同的依靠和方向,在面临任何难题时会有同样的心理、思路、信心和勇气。信念是多年风吹雨打中的避难所,所以我强烈建议夫妻们去寻找共同信念。这样你们就会发现，人生中的大问题和小细节都会有解决的希望和方向。在此基础上，夫妻双方再一起寻找、建立和享受共同的兴趣爱好。

我跟为千是大学同学。虽然专业不同（他学航空工程，我学机械工程），但我们却因为热爱音乐而在音乐课上相遇。我们在做普通朋友时就很爱一起玩乐器和唱歌，这是我们一直维持的共同爱好。因此，我们有了孩子以后，就顺理成章地组建了林家乐队，继续玩音乐。

我们都是工程师，毕业后也曾在同一个行业工作，所以闲着的时候很喜欢探讨科技发展。虽然我很久以前就离开了 IT 行业，却一直关注相关新闻，听为千跟我分享行业里的发展状况。为千也经常在公司培训后兴奋地跟我分享，鼓励我阅读培训课程指定的书籍。我们有了孩子后，这个话题很自然就成了家庭生活的一部分，家里的厨房也充当了科学实验室，我们陪孩子做了不少科学实验。

因为工程师背景，我们都很喜欢动手做东西。我喜欢制作手工相册，为千喜欢做模型，所以我们家经常会有修补过的家具和装饰房间的手工艺品等。孩子们也就很自然地习惯于动手做东西。

毕业以后，我跟为千花了一个暑假的时间在中东难民营做义工，因此开始关注慈善工作。结婚有孩子以后，我们也习惯了一起去做慈善公益活动。因为我们经常去世界各地参与扶贫工作，所以也爱上了旅游，去了解世界各地的历史和文化。孩子们的出生并没有阻碍我们做慈善，因为我们会带上孩子一起出去，例如去甘肃支教。这样既服

第 5 关 共同兴趣：没有友谊的婚姻休想稳固

务了他人，也是全家出游。

总之，我们夫妻的共同爱好是因相同的经历而培养出来的。即使有了孩子也没有牺牲兴趣，而是把孩子拉进二人世界，扩大了视野。

孩子小的时候，他们对什么有兴趣，我们也跟着学习。比如，凯安想要学街舞，但年龄太小不符合要求，我们就请了一个街舞老师来教我们全家跳。这也就成了全家人的共同兴趣。

现在我们渐渐成了空巢老人，也就有更多时间为了对方而学习，陪对方一起活动。比如，我会为了他学习爬山，他会为了我学习园艺。我们会一起报名学习新东西，比如一起参加油画课，一起学习品尝葡萄酒或咖啡豆，等等。

你可能会想，我跟配偶没有共同的价值观怎么办？

价值观跟思维方式有关，所以我建议大家一起去研究和追求。可以从一起读一本书开始，拿出固定时间来读，然后约会讨论这本书。从大学到现在，我跟为千无论再忙都保持着一起读书的习惯。英语有一句话说"be on the same page"，意思是我们的脑子要停留在同一页上。可见一起阅读和学习多么重要！

妻子们请听好，这不是强迫老公来读有关婚姻和家庭的书，而是去适应丈夫的兴趣。要是丈夫对企业管理有兴趣，你是否愿意放下自己的期待，陪他读一本有关企业管理的书呢？如果你不愿意了解他喜爱的话题，有什么权利要求他来研究你感兴趣的话题呢？所以从他的兴趣开始，轮流挑选好书，然后一起读、一起学。

有人会问，我们本来就忙不过来，哪有时间去找兴趣？

奇怪的是，这些人有时间给婚姻救火，却没时间付出一点小代价做非常重要的防火工作。我们夫妇喜欢做的是防火工作，而不是等到火烧眉毛、伤害很深才花大量时间和精力去救火，因为防火永远比救火容易。夫妻要在婚姻还没有出问题的时候付出一点小代价来培养婚姻里的友谊，这样才能预防将来可能面临的各种诱惑和挑战。

如果你们实在没有共同的兴趣，可以从回顾过去开始：你们是怎么相遇的；交往的时候为什么会爱上对方并愿意一起生活；你喜欢他的什么爱好，你们有哪些共同爱好；你们恋爱的时候喜欢做哪些事情，当时喜欢的现在肯定也能喜欢。要是你们因忙碌而停止了这些活动，可以腾出时间来重新开始这些美好的事情。

如果当初没有时间谈恋爱，结婚以后也因为忙碌而没有时间培养共同兴趣，现在开始也不晚，更不要怕没有时间。现在就开始动动脑筋吧！

最省事的就是一起去看电影，看完后找个咖啡厅聊一聊你们对电影的看法，然后再一起找下次想要看的电影。要是你们不喜欢看电影，网络上也有很多比较短的视频或电视剧可以看，有很多网络课堂可以一起观看和学习。你们可以一起报名学一门课，然后一起做作业，在讨论的时候会有更深的思想碰撞和交流。

如果你们不是学习派的，那也没问题。你们可以一起去DIY做手工，学习做一道菜，玩一个游戏，拼一个拼图，唱歌和运动（如爬山、旅游、跳舞、公园散步等），还可以一起学一门乐器。就像为孩子报兴趣班一样，只要你们感兴趣就可以去尝试。这里没有对错，只有等待夫妻俩一起去探索的无限可能。

最后还可以考虑一起去做公益活动，因为施比受更有福。有很多慈善机构正等候你们加入。服务别人最大的受益者其实是自己，因为我们看到了自己的益处。我们给予别人的帮助和贡献也能给我们带来更深的满足感和成就感。

我就不讲太多具体建议了，留给你们夫妻一起开动脑筋！最关键的不是想法的好坏，而是你们有没有付诸行动。

佩蓉的心灵工坊

1. 我要如何成为配偶的朋友？
2. 我们想要一起读哪本书？
3. 我们要一起玩什么或做什么？

为千有话说

共享特殊时刻是婚姻中最有效的强力胶

为了庆祝结婚25周年,我想安排一次特殊的旅行。大家通常会把这类特殊的旅行称为第二次蜜月。但是,说实话,我们很幸运,这样的旅行已经有过几次了。我一直想和妻子一起去希腊的圣托里尼岛。我们对岛屿和海洋情有独钟。在过去的一年里,好像我们到处都能看见那个矗立着蓝白房屋的美丽海滨。

我们最后坐上了地中海的大邮轮,从威尼斯一直游览到巴塞罗那,一共享受了10天。对我们来说,能一起出游,了解新的文化和菜肴,是一段难忘的经历;同时也给自己留下了二人世界的特殊回忆,抛开工作和责任,让我们的爱更为巩固。多年来,我们一直在用旅游这种方式共同享受美好的时光,共同经营我们的婚姻。它可以是很简单的一日游,可以是一段周末出行,也可以在长假里去遥远的外地旅行。如果你从没安排过两个人的旅行,那就从简单的一日游开始吧。记住,旅行只是一种手段,目的是要巩固自己的婚姻,所以,从头至尾你都要尽情地享受。

白天徒步旅行，晚上吃一顿不贵的便饭，这种经历我们特别享受。一起开车或徒步旅行，能让我们有足够的时间进行交谈。我们会一起听有声读物并发表各自的观点。我们会一起分享学习心得，说出各自工作中遇到的困难或人际交往方面的问题。要善于营造那些使人爱意涌动的特殊时光。想象一下一起遥望天边的彩虹，或一起沐浴在神奇的夕阳里。有些时候你根本不需要说什么。人类天生善于沟通，共享特殊时刻是婚姻中最有效的强力胶。

成功的出游，关键是了解对方和自己

要安排一次成功的出游，关键是要了解各自的风格、喜好和看法。我们遇到过许多夫妻，他们相互之间根本不了解对方的这些基本特点。还有，要了解自己的个性，这一点也很重要。你是心血来潮型还是周密计划型？你喜欢自助游还是跟团游？许多性格内向的人不喜欢人多嘈杂，而很陶醉于大自然的美丽。有些人可以拿个睡袋睡地上，还可以在树林里解手，而有些人则喜欢享受五星级的温泉浴。我很幸运，有位不算挑剔的妻子，所以既可以奢华一下，也能够贴近大地。

有一个建议很有帮助，那就是把你醒着的时间分成三大块：一块留给了解饮食与文化；一块用于体力消耗式的游览活动；最后一块是自由区块，那时，你可以顺其自然或"停工"（什么也不做）。我试过，这个自由区块能让你恢复精力，消除马不停蹄的假日旅行所带来的压力。我以前总想着两个人能多跑一些地方，多节约一点钱，但结果往往因疲于奔波而让妻子不太高兴，或因发现我所购买的东西其实并不便宜而备感失落。别忘了，我们出来旅行是为了共度愉快的时光，所以别让那些小事妨碍我们。

6个步骤打造一场完美出游

在开始为你俩计划特殊旅行之前，我希望丈夫和妻子都能抽出时间来共同讨论出行方案，共同制定计划。我知道有些丈夫声称自己很忙，把一切都交给妻子来打理。请避免发生这种情况，因为共同计划是相互了解的一部分。

计划特殊旅行可分解成6个简单的步骤：

1. 要有一件值得庆祝的事。结婚纪念日是最好的理由，因为我们的目的是要巩固婚姻。

2. 提前确定旅游的时间段和预算。我们不能负债去旅游，因此，请提前做好准备，存好钱，安排好休假。要是你真的打算抽出时间陪伴爱人出游，请尽可能地别让任何事情来打扰你们，尤其是你的工作。我们不光要做到人在爱人身边，还要做到全心全意地陪伴对方。这些都需要我们提前做好安排。需外出过夜的旅行，花费较大些，所以要量力而行。同样的钱，你能在五星级酒店里过一夜，也能露天过上三到四天。因为我们都是教"财务责任"的，所以我特别强调，要量入为出地生活。

3. 选择共同喜欢的旅行方式和目的地。你们喜欢欣赏自然风景还是游览城市面貌？喜欢特色菜还是游乐园？喜欢热带雨林还是赤道岛屿？是否一直想去看看世界七大奇迹？你所喜欢的旅行，其开支可能会远远超出你的预算，这也许会让你很失望，但一定要抵挡住诱惑，不能欠债。要从小做起，慢慢累积。

4. 要有创意。如果是第一次，只要玩得开心，怎么出行都可以。有很多网站和应用软件都能帮我们找到合适的地点，并想出一些有趣的念头。你也可以咨询朋友，开展调查研究。

5. 讨论行李清单和旅行规则。这些旅行规则可以包括如何使用数字设备，或如何处理家里的突发事件。比如，因为这次旅行是你俩互秀恩爱的最好时光，你们想如何留下这些特别的时刻？拍照？拍视频？要拍多少？已有太多的人在朋友圈里向"朋友们"晒照片，有的甚至发到社交媒体上去炫耀，却往往忽略了眼前这位最重要的人物。我的建议是，关闭数字设备和社交媒体，限制手机的使用，从而对你的婚姻显示出你应有的、真心实意的重视。制定一个规则，即只有在双方同意的、特定的"自由"时间段内才可以进行上传分享。在出发前，必须腾出时间真诚地沟通，从而达成共识，甚至可以将这些共识写下来。归根结底，我们是为了能真正地相互了解、相互沟通。

6. 在旅行时一定要让对方感受到自己备受重视和关爱。可以安排一些小惊喜，比如，我就安排了两人在同一个房间里按摩，这样我俩就能聊天。也可以一起去吃对方最喜欢的点心。要多关心对方,多进行一些有益的沟通。我们的配偶都很喜欢听这样的问题:"作为你的伴侣,我应该怎么做?我要怎么做才能让你体会到我的爱?"外出过夜的旅行一定要安排一个浪漫之夜。旅行不要太累,从而忽略了肌肤相亲。

现在,你还在等什么?赶紧去找你的另一半,开始筹划你们的第二次蜜月旅行吧!

第6关

拉链夫妻

互补型夫妻是最默契团队

家庭成败不靠丈夫,靠什么

夫妻双方离开原生家庭,建立了团队,树立了围墙,在跟"合伙人"合为一体的过程中找到了自己的欢乐天地。这很重要,因为夫妻成为一起干活的团队了!现在孩子也要一个一个地到来——团队要扩大了。

身在职场的人都会接受很多关于团队建设的培训,也会学到企业的成败不在于某些能力强的明星员工而在于整个团队的合作能力。我们可以从不同球员在球队中的表现看出团队的重要性。如果一个球队全指望一个球员,一旦这个人受伤了、生病了或出其他状况了,整个球队就没有赢的可能了。要是每个队员都配合默契,即使某些队员生病或受伤了,也不会影响整个队伍。

家庭的成败也一样，不能只靠丈夫或妻子，而是靠夫妻这个团队。当下很多家庭都被"男主外，女主内"这句古训害得很惨。过去女人没有社会地位，只能在家里体现价值。现代女人在社会的各行各业与男人竞争，有些甚至超过了男人。但很多时候这种"男主外，女主内"的思想还是根深蒂固地存在，所以一结婚就得纠正过来，不然等孩子出生以后就会更加严重。

比尔·盖茨的父亲写过一本书《盖茨是这样培养的》，其英文书名为 Showing Up for Life，意思是"出席在家人的生活中"。这句话的灵感来自于伍迪·艾伦的名言"成功的80%是出席"。因此，成功婚姻的80%是夫妻要一同出席。但现在夫妻们常常是人在心不在，大多时候都在刷手机。这不是出席，这是一种心灵的缺席。

那么，怎么才能纠正家庭关系里男女不能形成团队的问题呢？我们只能从生活细节中重新培养习惯，而且越具体越好。

男女怎么搭配才会干活不累

团队不应根据性别来分配工作，而是根据员工的专长来授职。比如，通常我们会认为女人应该擅长做饭，但你却发现世界上有名的厨师大多是男人。是不是很奇怪呢？一个国家的领导人似乎应该是男人，但在欧盟很能干的国家领袖却是女人，比如德国总理默克尔。因此，家庭里的工作也要根据彼此的爱好、能力和性格来分配，而不是

第 6 关　拉链夫妻：互补型夫妻是最默契团队

根据性别。

畅销书《高效能人士的7个习惯》的作者史蒂芬·柯维（Stephen Covey）提出的7个习惯不仅值得我们应用在工作中，更值得应用在家庭里。我们在孩子小的时候就开始培养他们建立这7个习惯。

1. **主动积极**。积极主动，对自己负责。（不把错误归咎于外部环境和他人）

2. **以终为始**。预测结果，做事有计划。（要做自己人生的领导者）

3. **要事第一**。要事优先，先工作，后玩耍。（要先吃苦才能尽情享受后面的甘甜）

4. **双赢思维**。共赢思维，每个人都开心。（利人的同时也能利己）

5. **知彼解己**。善于沟通，先聆听后开口。（要营造关怀、尊重和正面解决问题的氛围）

6. **综合综效**。协同效应，合作效率高。（要尊重差异，让1＋1＞2）

7. **不断更新**。不断更新，平衡自我最重要。（要从生理、心智、心灵、社交与情感等层面来锻炼自己，不断成长和更新）

如果每个家庭都用这7个习惯来管理家务，我们的家庭就能变得高效、有正能量、有影响力。所以，我们需要认识到家庭需要每个人都参与，一起来经营，否则就不可能高效，反而会消耗精力，产生负能量。

我们家有一张保姆的工作表，里面包含了每天、每周和每月的工作内容。这样我们就能了解她的工作有没有完成，在沟通的时候能具体讨论，而不是凭我们的感觉来判断她是不是勤奋和努力。我们也可以根据保姆的速度和实际状态来调整工作量。这张工作表也在保姆休假的时候帮了我们很多忙。她不在的时候我们可以分配家务，保持家庭运转。

我们在分配彼此的家庭任务时也是这样，每个礼拜都会安排固定的时间来调整我们的工作量或时间表。你可以说这很死板，把企业管理那一套搬到本该温馨有爱的家庭里，但我们发现，要是没有事先把这些生活细节分配好，我们的情绪会受搅扰，到最后会被负面感受绑架，家里便成为精神雾霾最严重的地方。如果家里的事情都打理好了，丈夫要怎么玩手机游戏，老婆要怎么看书、跳舞、唱歌和聊天都可以大胆放心地去做，因为自己需要做的事已经完成了。但是，如果我们放着一大堆需要做的事情不做，却要爱人陪自己谈情说爱，就很难营造浪漫气氛，因为对方内心充满了不安，甚至焦虑。

所以，最先要做的就是双方都坐下来，列出每天、每周和每月需要做的事情，然后按照这份清单来分配任务——谁在什么时候该做什么。每个家庭都可以按照家务内容来分类，例如食物、财务、购物、时间管理。就像人生的规划一样，我们可以选择活得精彩有趣，也可以选择马马虎虎地度日。关键不在于你们夫妻手里的资源有多少，而在于建立目标、规划和经营。

我和为千从结婚起就在培养每个礼拜开会和约会的习惯。例如，自孩子们出生后，我们就会在每周日晚上一起来计划下个礼拜的事情，安排时间表，分配工作和处理财务等。刚结婚的时候因为都要上班，我们会轮流计划每一周的菜单，然后根据菜单上的计划去超市买菜。这样我们就不会临阵磨枪,而是按照清单,每个礼拜只跑一次超市。

刚结婚的时候,我连鸡蛋都不会煮,只会泡方便面,所以厨房的主力是为千,他很喜欢做饭。有一段时间,因为我和为千都很忙,就把一个礼拜的菜都做好,放在冰箱里面。每天回到家只需要简单地解冻或加热,再做一份主食即可。

后来我做了全职妈妈,就自己一个人负责每个礼拜的饮食,为千下班后在有限的时间里做一些他更擅长的家务。在北京期间,虽然有了保姆,但我还是会规划每个礼拜的食物。我训练好保姆以后,就由她来负责购物和做饭了。

从我自己人生的不同季节来看,因为每个阶段的需求不同,所以分工合作的模式也不一样。如今我的两个儿子都独立工作了,他们也养成了每个礼拜计划自己菜单的习惯。例如,老大会利用周日晚上准备整个礼拜的海南鸡肉便当。这样他就不需要每天做饭和收拾厨房了。每个家庭的结构不同,需求不同,所以策划和安排也会有所不同。

下面我给大家分享一个分工合作的框架,希望你们能够根据自己家庭的需要好好地安排时间。只有分配好了家里的责任,夫妻二人才能以同样的心情享受休闲时光。不要总是一个人很清闲,另一个人却快累死,成了扫兴的怨妇怨夫。这既不能怪罪那个清闲的也不能批评那个纵容他(她)的,而要怪团队分工不平衡。

家庭的经营可以分为以下五个方面:

一是时间管理。每个人都有自己的作息时间、活动和任务,需要安排时间来沟通和协调。需要安排一个人负责制定家庭时间表，要有固定的家庭会议来沟通和安排下一周的计划，确保需要做的事情能按时完成。负责家庭时间管理的人需要预计好自己的时间，还要安排家庭会议的召开时间。

二是家务事。包括打扫卫生、买菜、做饭和洗衣服等。负责分配家务的人需要了解有多少事项，每件事大约需要多少时间，多久做一次，还要保证大家准时完成这些家务后才能做自己的事，比如玩手机。

三是财务。这里就不多讲了。有兴趣的朋友可以阅读《佩蓉的妈妈经2》有关财商的一章。负责家庭财务的人需要平衡收入与开销，并且要按照家庭的计划和目标来储蓄和投资。

四是人脉。我们有很多关系需要去维护，例如亲朋好友的特别日子需要记得，邻居和社区的活动需要关注，还有和老板同事的社交等。这些都需要家里有一个人抽时间加以管理。《佩蓉的妈妈经2》中也有关于人脉商的内容。

五是共同的活动和兴趣。这是为了凝聚家庭感情。如果我们没有做好安排，日子很快就过去了，然后发现我们成了住在一起的陌生人。所以家里需要有人来安排活动。

为家庭放弃事业的男人没出息吗

我们在搭档的过程中会遇到一些问题，因此要做好心理准备，这样才不会陷入抱怨或双输的局面。关键不是谁比谁能力强，而是夫妻之间如何取长补短。

家庭要赢需要每个人的付出和牺牲，大家一起分担和负责，这样才能享受相爱的自由、安全和归属感。我们需要做的牺牲包括自己的时间、自己的一些爱好，甚至事业发展。

为千认为做好父亲是非常重要的事，所以他不仅要出席在孩子们的生活中，还要积极地参与和带领他们健康成长。为了能做孩子们的足球和棒球教练，为千曾经婉拒升职的机会，因为他知道升职的代价是更多的加班和压力。这并不意味着他没出息，而是他为了家庭的需要放弃了一些发展事业的机会。他会跟我一起商量，也会自愿放弃，不再提起。因为他认为这就是做丈夫和爸爸的本分，没有什么可后悔的。

为千下班后习惯性地先在门口停留一下，深呼吸调整下自己，让自己能够带着好心情回到家里。他会把工作和手机放下，专注在我和孩子们身上，分享当天发生的事，陪孩子们玩，或者帮我做点事。这些都是他决定要付出的代价，因为这是他结婚的时候对我和孩子们做出的承诺。

与我们同届毕业的同学，他们的事业都比我们发展得好，因为我们决定为了家庭牺牲一些发展事业的机会。有人问为千和我是否会有遗憾。如今我们50多岁了，孩子们也长大了，我们没有一点后悔。为什么呢？虽然这些年我们不像同事和朋友那样"飞黄腾达"，但我们绝对清楚自己最想要的是什么，所以宁愿牺牲事业和金钱也不愿意牺牲家庭。为千说他相信再过20年，或许临终时，他都不会去想自己当年是不是该多收购一家公司、多搞点投资，而是会去看自己身边的人是谁。

家庭要赢，策略要一致。这里的"一致"不是说夫妻二人要在各个方面都一模一样，而是你们要有同样的价值观和原则。我会在本书最后一章里谈这个话题。

孩子年幼的时候我们没有做父母的经验，最难避免的就是冲突。内部不一致的团队是永远没有办法赢得比赛的，所以我们最需要学习的是如何解决内部冲突、如何协商、如何让步和如何妥协。下一章我们将会讨论一些解决冲突的技巧。

家庭要赢，要做好心理准备，你们在学习搭配和成长的过程中会经常失败。这是必经的磨合之路。

我们来看郎平教练鼓励队员的例子。她说中国的女排精神与输赢无关，不是说赢了就有女排精神，输了就没有，而要看队员努力的过程。只要你不放弃，你就会赢。

郎平教练的下一句亮了："输了一场的美国，是铜牌；输了两场的塞尔维亚，是银牌；但是输了三场的中国，冠军！"今天的输赢不在于眼前的失败，而是你失败了以后有没有爬起来继续拼搏。今天你对老公大吼大叫并不等于你的婚姻就完蛋了，而是明天你又有了机会，可以管理好自己的情绪。我们失败了，没关系，爬起来再接再厉！

郎平教练最后说："冠军是共同努力的结果，医疗团队、智囊团队，所有人的努力才保证我们完成这次比赛。"每一个家庭都有不同的结构，但是我们需要了解家庭的主角是谁，更需要厘清我们的角色、范围和规则，才不会因为越界而造成混乱。家庭的核心队员一定是夫妻，不是长辈，更不是孩子。

团队精神的关键在于"传球"。冠军团队不能只是依赖一个明星队员，而是一个彼此默契、每个人都齐心协力的团队。这种默契需要长期训练才能形成。特别是孩子刚生下来完全依赖我们的时候。此时，妈妈需要克服自己的完美主义，不要批评丈夫的手忙脚乱和不知所措，而是创造机会让爸爸参与进来。无论爸爸做得好还是坏都要称赞他的每一次付出。不然，容易过度保护孩子的妈妈们很可能会把爸爸挤出这个团队，然后又抱怨爸爸不参与其中。

请记住，再老练的爸爸妈妈也都曾是新手。只要有足够时间锻炼，任何人都能成为好爸爸、好妈妈！请各位爸爸妈妈们积极"传球"，不要霸占着球不让别人动手！

拉链式婚姻特点

夫妻要成为拉链式搭档，做到以下三点很重要：

第一，弹性的角色。我们不要把自己僵化在一个角色或身份上，而是要不断地学习与成长。可以时不时更换每个人的工作，让彼此都有机会去做新的事。这样当配偶需要帮忙或季节更替时可以互相帮助。我在哪个地方比较弱，就需要多多学习与成长，这样我们才有一个平等的拉链式搭配。我记得我在国内刚开始出差巡讲的时候，为千都能帮我打理家里和孩子们的事，让我放心上路。虽然他是微软的企业高管，但他一直坚持参与各种家务。不要忘记婚姻的核心是克服自我、舍己地爱对方，所以你们要在意的不是自己多做了多少，而是自己能多做多少。我特别鼓励丈夫们用这种积极服务的行为来赢得家人的尊重，让他们心服口服地跟从你的领导。

第二，需要互补。我们都有各自的优势，但也都需要不断地在自己的弱点中学习，请求对方来帮助，用他的优势来弥补我的弱点。

第三，也是最关键的一点，就是夫妻要成为合格的"合伙人"。家庭中的丈夫必须要出席。放下你的游戏机和手机，丈夫们请站出来出席，全心全意地转向儿女、转向家庭，全情投入你的婚姻、投入你的家庭。

出轨，防火比救火容易吗

辅导时我不知道听过多少次这样的悲伤故事：

佩蓉老师，今天我的世界塌下来了！老公回家要求离婚，说他在外面有了小三，是他真正爱的人，也是真正爱他的人，劝我不要去拦阻他们的爱情，因为他对我只剩下亲情没有爱情了。他说我伤害他很深,从有了孩子就不再关心他,他说的话我不听,我根本不在意他,因为我所有的精力都放在孩子身上。其实他一直都很宠我,所以我也没想过自己会伤害了他。他跟我说了后我才意识到自己对他的伤害。以前晚上他想跟我亲热的时候,我经常会把他踢走,因为那时候我真的很累,心思也都放在孩子身上,不会去考虑到他。现在他的心被别人抢走了,我想用行动来关心他,但他跟我说已经不爱我了。我也不知道能否把他的心夺回来,我该怎么办?

妻子们,不要等到丈夫的心被人抢走了才想到不该把心思都放在孩子身上,不要把家里所有的事都揽起来不让丈夫碰。丈夫们,也不要因为妻子把你踢走而放弃出席家事的权利。防火永远比救火容易,但前提是我们需要克服惰性。

佩蓉的心灵工坊

1. 用高效能人士的前3个习惯来评价一下自己,是否主动积极、以终为始、要事第一?

2. 跟配偶坐下来,探讨如何建立双赢思维、知彼解己、综合综效,让你们的家庭生活进入良性循环。

3. 跟配偶坐下来，评估一下你们目前的分工是否平衡，哪个地方需要调整。要是一方不适应做那么多，不要一下子给他增加工作量，而是让他从一两件事开始做，慢慢调整，这样才能有成功的可能。就像举重一样，你不能期待一个从来不运动的人一下子就举起 100 斤，不然他会受伤或灰心的。但要是他能从 5 斤开始，每个月再加 5 斤，一年后或许他就能轻易举起一两百斤了。

为千有话 说

我还记得第一次和佩蓉划皮艇时的情形。我们租了一艘双人皮艇兴奋地下水,然而不到一分钟就意识到问题了。虽然我划过皮艇,但这次的挑战在于和佩蓉一起驾驶。我们需要沟通并同步划桨,挣扎了10分钟后才开始有些头绪。因为我们都面向前方而看不到对方,所以这项运动特别具有挑战性。佩蓉坐在前排,她必须听我号令配合我划桨。事后看来,我们本可以先花几分钟讨论下划桨方式、如何配合,这样可以省掉很多力气。

婚姻也是如此。和配偶一起建设家庭可比划皮艇复杂和困难得多。我们会把自己的个性、喜好和习惯带入婚姻。我们会为团队建设贡献力量,也会拖后腿。任何合作都需要有共同愿景,这是成功的基础。如果我们不认真对待婚礼誓言,婚后一有分歧就会放弃,那就永远也不会享受到今天的和谐与幸福了。其实我们结婚时就知道会面对诸多挑战,但我们愿意争战、对付私欲,因此得以享受今天的幸福。信守誓言这一共同愿景是婚姻幸福的第一步。

我们家的3个男孩都已成年。回顾过去31年,我们无法断定这个团队是哪一天形成的。这其实是个铁磨铁的渐进过程,大家在冲突和分歧中学会让步和妥协。1988年结婚时我和佩蓉是很不一样的人，但我们欣赏彼此的差异，知道异性相吸但也互补。我们就像拉链一样合则两立分则两伤。虽然现在有时仍会卡住，但就像拉链一样，后退一步再试一次就好了。我们注定会是一个好团队，因为我们愿意付出一切使拉链合二为一。拉链合起衣服，遮盖和保护身体。两片衣襟连在一起就形成一件完整的衣服。

如今孩子们都单飞了，我们俩成了工作上的伙伴。2018年我们成立了"simpledelight.life"公司来纪念结婚30周年。我们打算在小儿子上大学后开始新生活，去探索未知。2019年夏天我们出售了家里的大部分东西，驾驶房车游览不同城市，并作为咨询顾问和教练对有需要的人士进行辅导。我们怀揣各样技能来开展这项工作。佩蓉社交能力很强，擅于同人建立关系；我则擅长谋篇布局，制定未来1~2年计划。我还精通网络技术，这样我们就可以建立网站进行远程办公；加之佩蓉擅长讲故事，这样就能将课程整合起来，为大家提供家庭和婚姻方面的帮助。

婚姻需要团队合作，美满的婚姻不会从天而降。这就需要夫妻双方付出大量的汗水和努力，并及时调整。在团队中工作过的人都知道建立团队不容易。因此企业会开展培训、组织团队建设和定期开会，以保持每个人同步。企业还开发了很多工具来帮助大家沟通与合作。所有这一切都是为了服务客户，让企业盈利。在志愿机构中工作过的人都知道在那里团队合作更难，因为志愿者通常没有很大的工作动力和改变的决心。团队建设需要每个人都做出改变。美满的婚姻也需要团队合作，我们必须改变自己使拉链彼此咬合。我很喜欢"TEAM"这个缩略词——众人拾柴火焰高（TEAM= Together Everyone Accomplishes More）。我相信人们在婚姻中也可以品尝到 1+1＞2。

第7关

解决冲突

吵架还可以让夫妻更相爱

你们是否和配偶一起做了上一章的作业？为什么我一直强调作业呢？

一位参加我们课程的朋友说："我很喜欢做作业的感觉，因为这样我才能把学到的东西慢慢落实到生活中，而不是道理明白很多就是不去做。其实您的每一本书我都买了也看了，可就是从没有像现在这样有计划地去实践。现在边学习边实操，这是我参加本次课程最大的进步和收获。"

可见，课程是否有效主要看有没有实践。没有做作业，书里看到的、学到的就不会落实在生活里，所以一定要按时做作业哦！

从来不吵架的夫妻有问题

每个人都是独一无二的，所以只要两个人在一起一段时间肯定就会显出差异来,而两个独立的个体很难形成一致的看法。于是,差异就会带来冲突。

我们常常会看到、听到某某夫妇从来没有吵过架,很羡慕他们,觉得他们感情真好。但如果我们深入思考就会发现,他们的婚姻看似没有经历风吹雨打,却可能是有冲突而不去面对和解决,表面上看起来很和睦相爱,但这不是真正的默契。其实,最令人羡慕也最真实的夫妻,应该是勇于面对和解决彼此的差异,在一次次冲突与和好如初中学会面对差异、珍惜差异,渐渐有智慧地享受差异。从某种程度来说,差异带来的可控冲突反而成了祝福。我跟为千最喜欢的就是吵架后和好的过程,因为彼此的感情会因和好而更上一层楼!

你一般怎样解决冲突

冲突来了,人们常常以如下方式解决:

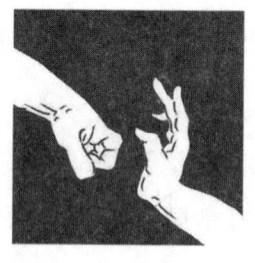

《解决冲突的三种风格》　凯安作

1. 假装没事。

很可能有一方压抑自己的感受去迁就另一方,或者干脆就不说话、不发表意见。或者双方见解不一致时,一方虽然不认同,但还是沉默和妥协了。夫妻双方用这种方式处理矛盾,久而久之,你会看到他们虽然不吵架,但也不是很亲近,没话说,各做各的事,就像是同居的室友或陌生人一样。

2. **互相攻击**。

歇斯底里地闹,恶语伤人,或者以暴力强迫对方顺从自己。我们经常会在小区里听到有些夫妇一天到晚吵个不停。他们每次吵的都是些陈芝麻烂谷子的事,但问题从来都得不到解决。这种解决冲突的方法过于简单粗暴,无非是以强势来压制对方,不讲智慧,缺乏理智。

3. **从冲突到和好**。

这是我们要重点讨论的内容。

《解决冲突的不同阶段》　　佩蓉作

从冲突到和好分以下 6 步：

（1）做了一件事（一个举动）或说了一句话。

（2）给对方带来伤害。

（3）激发对方愤怒。

（4）在爱里开诚布公地沟通。

（5）寻求并给予宽恕。

（6）彼此重新建立爱与信任。

在这 6 个过程中，最容易出轨的是第 3 个阶段，也就是愤怒。

愤怒是所有情感中最有力量的。它的威力就像炸药一样，用得好能制造美丽的烟火、开拓隧道或拆掉一栋大楼；要是控制不好，它能炸掉一栋价值几亿元的大楼，或者杀害成千上万的人。既然愤怒是如此重要的话题，我们会在下一章花多些时间学习如何管理愤怒。今天的焦点是不让愤怒这个情绪炸药包破坏解决冲突的过程。所以，我建议要在感到生气时就马上刹车。

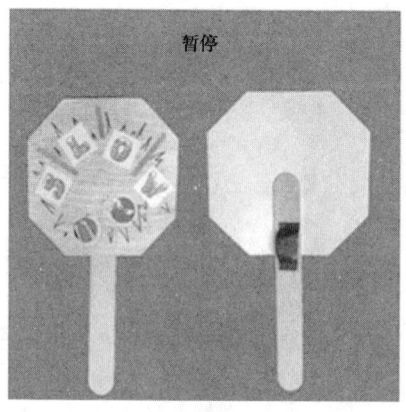

佩蓉家的暂停牌

第 7 关　解决冲突：吵架还可以让夫妻更相爱

当你感觉怒气上升时，我建议你们给对方一个信号，说我们需要停下来，冷静一下再讨论这个问题。夫妻双方要事先约定好，每次看到这个信号的时候都要允许对方暂停。在我们家，我们把一根冰棍棒子贴在白色卡片后面，冰棍后再贴一个磁铁，可以吸在冰箱上，这样我们怒气发动时就可以找到，向身边的人示意。

还可以在白色卡片上写一句幽默的话，点缀一下你的暂停牌。我们家的暂停牌上写着英语单词"SLOW"（"慢下来"），是用冰雪图片的英文字母拼起来的，以提醒家里每个人要冷静、慢下来，不要太快行动（冲动），或者说出会后悔的话。暂停之后，双方约定好时间再继续讨论你们之间的问题。要是问题不大，二三十分钟后就可以继续讨论。要是问题比较大，我建议你们去外面的公共场所去讨论，因为在公共场合有别人在身边，我们会比较理智地管控好自己的声音和举止。

和好 36 计

当你真的冷静下来了，就可以进入下一步，准备和好。帮助大脑冷静下来的最好方法就是思考。

1. 愤怒的根源：因需求而期待。

大家需要思考的第一个问题是我们为什么会生气。接下来我会剖析愤怒的来源，帮助大家思考。

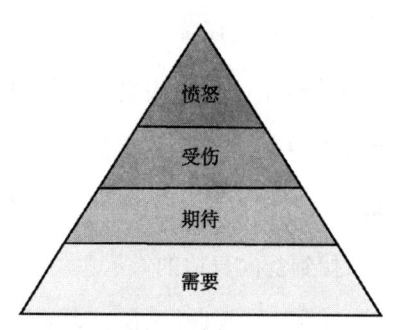

《愤怒的解剖示意图》　来源于网络

在亲密关系中，我们感到愤怒往往是因为对方的行动或言语伤害了我们。我们可以更深一层去挖掘自己为什么会受伤。很多时候是因为我们对对方有期待而对方让我们失望了。期待的背后是我们有需求，因为有了需求才会产生期待。

一次，我们的小儿子凯安在家里举办派对，邀请了合唱团的老师和朋友们。我们夫妇去外面，给他们多一点时间相聚。儿子是合唱团的一个领袖，也是很多同学的倾诉对象。我们回来后，同学们已经帮忙收拾过了房子，但那晚下了很大的雨，家里的地板上全都是泥。一个同学家里发生了事，儿子就在他的房间帮这个男孩梳理思路。这个男孩留到很晚才离开，在门口跟我们说很感谢凯安帮他想通了很多事，回家后要好好跟他的父母沟通。

这位同学在凯安房间的时候，我跟为千回到家里，都淋了雨，为千让我先去洗澡，把身上的泥土和雨水洗干净。我洗好之后，为千也赶紧去洗澡，然后就睡了。我是个有洁癖的人，虽然碗盘都放进洗碗

第 7 关　解决冲突：吵架还可以让夫妻更相爱

机去洗了，厨房也都收拾干净了，但我受不了地板那么脏，所以花了差不多两个小时把整个房子的地板都擦了一遍，并把地毯也吸了一遍灰才去睡觉。我很累，第二天早上就起得比较晚。

我起床后却发现为千在生气。他早早起来做早餐等我下来吃，早餐都凉了我也没下来。本来他想周日早上和我一起去散步，但我睡过头了。

为千生气地说，为什么他帮我打扫了房间还不够，我还要重新打扫一遍，为什么标准那么高？要是他永远都做不好，那以后干脆就不做了，都让我做好了！

我听了他这么一通质问也火了。我说："我不知道洗澡的时候是你帮我打扫了。我以为你在电脑上处理工作的事，怎么会知道你在收拾房间？我不知道你会做早饭给我吃，也不知道早上需要早一点起床去散步，你怎么能怪我？"我气得不得了，就把前面那个写着"SLOW"的信号牌子丢在他面前，冲进书房生闷气。

我开始思考为什么会这么生气。其实我早上起来，期待的是家人能注意到我花了这么多精力把房子打理得这么干净。我需要家人对我的付出给予肯定和感激。结果，满怀期待的我碰上的却是一个生气的老公，而且他还冤枉我的动机，就感到很委屈。

不多久，为千敲门进来跟我道歉说："亲爱的，对不起，不要生气啦！我以为你会感谢我让你先去洗澡。我把大家的碗盘都放进洗碗机，把厨房的垃圾都拿出去倒掉，还用吸尘器把地板都吸了一遍。没想到你没看见，自己还去做了一遍，这等于否定了我做的一切，让我非但不被肯定反而被否定，我的时间和努力都白费了。"

当我们都把失望、期待和得到肯定的需求摆出来后，就看到了对方的付出和误会的原因，然后彼此肯定，感谢对方所做的，拥抱和好，一起高高兴兴地出去了。

2. 愤怒时及时叫暂停。

回过头来看，这件事要是发生在刚结婚的时候，我们肯定会大吵起来，躲到角落去生气，说不定还会冷战几天，最终不了了之，以双输收场。然而，这次我们只用了不到10分钟就冷静下来，又花了5~10分钟时间沟通。

甚至孩子起床都不知道我们吵架了，开心地拥抱我们，说昨晚的聚会是最棒的，那个同学也得到了很大的帮助。凯安说他很感激我们支持他，让他招待大家。我们也没有提如何收拾残局的，而是很高兴他的朋友们喜欢来我们家玩，能在这里敞开心门，找到归属感。

从这个例子来看，愤怒的时候叫暂停并展开思考，能帮助我们把焦点从攻击对方转向了解彼此的需求，直到去满足这些需求。

3. 查验动机：爱里沟通，而非报复。

可以看出，我们冷静下来就能够用"愤怒—受伤—期待—需求"的金字塔模型来思考需求。要先查验下自己的心态，看有没有勇气去跟对方说诚实话。要是我们还想进行报复，就不要去找对方解决问题，因为那样的出发点不是爱而是报复。可以先问自己以下4个问题：

（1）我的态度中有爱吗，温柔吗？

（2）我是来解决问题的，还是来说服和改变你？我这么说是出于爱你，还是想要控制你，要你按我说的做？

（3）我的怒气是不是由环境因素造成的？比如，有个现象叫"黄昏疲惫"。我们夫妇不在黄昏（刚下班后）讨论问题，因为那时我们都累了。我们也从来不在晚上9点以后讨论任何重要的事情，通常到了这个时候大家都已经很累了。我们会约一个大家状态都比较好的时间来讨论这些问题。英语中有一个词叫作"hangry"，意思就是说，肚子饿的人很容易生气，所以要先解决了生理需要才有足够精力谈一些比较有挑战的话题。或者车子在路上堵了1个小时，人快发疯了，我们需要先休息一下再开口说话。再者，公司裁员或刚换了老板，此时压力肯定也比较大。人在生病的时候肯定也没有耐心跟你讲话。排除这些外在的因素，我们就能更快地找到问题的根源。说不定这些因素就是根源呢！

4. 沟通，用心说和听诚实话。

（1）倾听和思考有助于和睦。

当我们用爱心说诚实话时，也要准备听对方说诚实话。我跟为千说感觉被冤枉了，他问我："为什么一定要当晚擦地板？既然看见老公和孩子都打扫完了，为什么你不领情，反而去再做一遍呢？"既然家人都这么体谅我，即使清理得不彻底，为什么我不能相信第二天大家一起打扫会更快更好呢？虽然我一心为别人着想，但是否低估了别人的爱心，所有事情都要自己扛呢？这是我没有考虑到的，也是需要考虑的。

（2）表达方式和聚焦很关键。

除了弄清楚愤怒背后的需要、查验自己的心态，我们还要想好如何沟通。

过去我和为千常因彼此的表达方式而争吵。为千总会跟我抱怨，直接讲出来多简单，却非要花时间去组织语言才能让我听进去，真累。但他发现，如果在开口以前不经大脑过滤一下，那么后面用在解释和道歉上的时间要比前面多几倍。关于表达方式和聚焦，需要留心的是：

• 沟通时我们需要聚焦在一件事上，而不是胡子眉毛一把抓，没有头绪和重点。例如，为千对我说，我没有肯定他，我的标准太高，我睡懒觉让他做的早餐都凉了，还有明明知道西雅图难得见太阳却不陪他出去走一走，如此等等。如果他一连串说了这么多件事，我肯定会崩溃，变本加厉地反击。但他只强调了一件事，那就是他感觉被我否定。这样我就把注意力放在如何处理一件事上而不是那么多件事上。

• 针对问题不针对人。要是我们针对人来谈问题，对方会觉得被攻击，马上就会启动防备机制来反驳我们，事情就无法解决，因为双方的注意力放在了彼此攻击上。

- 聚焦行为，不质疑人格。我们的目标是解决冲突，不是输赢或贬低对方。当焦点转到对方的人格上，我们就从肩并肩处理问题的伙伴变成了面对面打架的仇敌。这种姿态只会让彼此关系恶化，不解决问题。

- 专注于具体事情上，不泛泛而谈。不具体地讨论，就不会谈出什么结果，只会继续围着问题打转。

- 表达自己的感受，不判断对方的品格。当我们判断对方的品格时，他就开始在脑子里打草稿来反驳你，不会再听你讲了。要是我们只分享自己的感受，对方就不需要防备，反而能理解并安慰我们。

- 指出看到的事实，不猜忌对方的动机。这样我们能就事论事，而不是越来越情绪化。

- 目标是了解对方，不是谁输谁赢。千万要记住，配偶不是我们的仇敌，问题才是。

在我们的案例里，为千想表达的是他感觉被我否定，不是我多么挑剔；是那一晚我把他做过的事又做了一次，不是我每次都否定他的付出；不是说我有多强的控制欲，也没有猜想我的动机，而是想要了解我的思路。为千做得很好，但我认为最关键的一步是我叫了暂停，向他发出了停止口水战的信号。这样一来，双方都获得了时间，冷静下来重新思考问题。

5. 寻求和给予宽恕。

（1）道歉的 4 种态度。

在爱里说诚实话很关键，寻求和给予宽恕也很重要。很多夫妇吵架后都没有做到这一点，导致下次吵架时把过去十几年的烂账全翻出来再数落一遍。这不但对眼前的问题没有帮助，反而激化了矛盾。

加害方可参照下面4种方式及时表示道歉：

• 加害方愿意为自己的行为认错和道歉，可以说："我错了，我不应该_____，让你感觉_____。"

• 加害方愿意悔改并承担后果。比如，要是自己摔了东西就得去收拾并换一个新的来代替。

• 下次再发生类似事情时，要用对方能接受的方式处理。

• 加害方要愿意请求对方原谅。例如，"你愿意原谅我吗？"大部分时候他（她）刚开口请求，对方就已经原谅了。

（2）寻求宽恕的7个"A"。

在寻求宽恕的时候，我们可以用7个以A开头的英文单词来帮助自己整理好心态。

• Address（道歉）：要向伤害行为牵涉到的每个人道歉。

• Avoid（避免）：道歉后不要马上又加上"但是""要是""说不定"。比如："对不起，我生了你的气，但要是你早一点起来我就不会_____。"这种表达马上否定了你道歉的诚意。等到已经和好以后，对方有心情聆听时，你再向对方提出改进建议。刚道完歉却马上解释只会起反作用。

• Admit（承认）：道歉要有具体承认的内容，不要说声"对不起"

就算了。

- Apologize（认错）：道歉却不认错，也不承担任何责任，不如不道歉。
- Accept（承担）：道歉并愿意承担后果。
- Alter（改变）：愿意改变自己的行为。
- Ask（寻求）：寻求宽恕。

（3）如何给予宽恕。

一方寻求宽恕，另一方就要给予宽恕。很多人会疑惑，如果对方没有请求宽恕，该怎么宽恕他呢？我希望大家了解宽恕的过程后能明白，给予宽恕是不需要对方先来寻求的。

如果你们想和好并重新建立信任，对方则需要寻求宽恕；如果关系本来就存在隔阂，给予宽恕就是把自己从仇恨中解放出来。我记得一位长者说，不宽恕就是自己喝着毒药来惩罚别人。这种做法看似在执着地讨还公道，其实最后被关在仇恨牢笼里的却是自己。

- 给予宽恕不是要压抑自己内心的伤害而不去处理。压抑的结果就是压在心底的感受有一天会爆炸。
- 宽恕不是假装没事了。下次再发生冲突时可能会历史重演。
- 宽恕不附带条件。让双方互相提防，只会让关系陷入虚伪。
- 宽恕不意味着忘记，而是放弃报仇。例如，要是对方有赌博的习惯，宽恕对方不意味着你把银行卡拿给他让他继续使用，而是不再提起过去输钱给家庭带来的伤害，同时建立界线不再让对方管钱或用家里的钱。

- 宽恕不是不可能。在《人生休止符》一书中，我分享了第二次世界大战时彭柯丽女士的故事。当纳粹狱卒请求她宽恕时，虽然她和姐姐都受到过伤害，而且姐姐死在了集中营里，但她还是选择了宽恕这个狱卒。

还有曼德拉的例子：

1944年，南非白人格里高便成天生活在不安中。因为这一年，他曾看守了27年的要犯曼德拉顺利当选为南非总统。

格里高常常回想起自己对曼德拉的种种虐待。蛮荒的罗本岛上到处是海豹、毒蛇和其他危险动物。曼德拉被关在锌皮房里，白天要去采石头，有时还要下到冰冷的海里捞海带，夜晚则被限制一切自由。因为曼德拉是政治要犯，格里高和其他两位同事经常侮辱他，动不动就用铁锹痛殴他，甚至故意往饭食里淋入汗水，强迫他吃下……

当年5月，格里高和他的两个同事收到了曼德拉亲自签署的就职仪式邀请函，3人只能硬着头皮去参加。

就职仪式上，年迈的曼德拉起身致辞："能够接待这么多尊贵的客人，我深感荣幸。更让我高兴的是，当年陪伴我在罗本岛度过艰难岁月的3位狱警也来到了现场。"

随即他把格里高3人介绍给大家并逐一与他们拥抱。"我年轻时性子暴，狱中正是在他们3位的帮助下，我才学会了控制情绪……"

曼德拉这一番出人意料的话，让虐待了他27年的3人无地自容，

第7关 解决冲突：吵架还可以让夫妻更相爱

更让所有在场的人肃然起敬。人群中爆发出经久不息的掌声。

仪式结束后，曼德拉再次走到格里高的身边，平静地说："在走出囚室，迈向监狱大门的那一刻，我已经清楚如果自己不能把悲伤和怨恨留在身后，那么我其实仍在狱中。"格里高禁不住泪流满面，那一刻他终于明白告别仇恨的最佳方式是宽恕。

宽恕是一种选择。亲爱的，你心里还恨着谁，你就是把自己关在仇恨的牢笼里。你的选择是什么呢？要是连彭柯丽女士和曼德拉都能宽恕虐待他们的人，你呢？

上面谈到了宽恕不是什么，接下来我们来看看到底什么是宽恕。

• 宽恕是凭意志做决定，不是听从感觉。很多人跟我说感到自己无法宽恕对方，那么该怎么宽恕呢？给大家推荐电影《消防员》，影片非常生动地描述了这个过程。当我凭意志决定爱一个人，也用行动来证明我爱他，感觉迟早会听从我的决定。宽恕亦如此，不是感觉，而是决定。

• 宽恕是心态，一种放弃怨恨和报仇的心态。

• 宽恕要用具体的言语和行动表达出来，不能在心里想想就算了。

• 宽恕是选择，选择借赦免来放过对方也放过自己。即使对方没有寻求宽恕，你也要宽恕他（她），不把他（她）钉在仇恨的耻辱柱上，也不再回想他（她）带给自己的伤害。

• 宽恕是医治，也是美好旅程的开始。宽恕不一定能挽回关系，但可能有益于你今后处理类似的关系。

那么，我们该如何给予宽恕呢？

• 宽恕要具体。我记得跟第一个男朋友分手后，内心充满各种伤害。一天，我把那些过不去的坎都写在一张纸上，然后烧掉了。我决定不再回想那些事而是放下，让它彻底成为过去。多年后我再遇见他时，已经不再心痛、不甘和怨恨了。如果你觉得宽恕一个人很难，可以试试这种方法，把伤痛列出来然后烧掉。

• 宽恕是慷慨，让过去成为过去，不再计较从前。

• 宽恕是恩典，我们也曾获得过别人的宽恕。

6. 重建信任。

和好的最后一步是重建信任。宽恕只是起点，得罪人的应主动去重建信任。有些伤害是比较严重的，例如出轨或因某些东西上瘾而不断伤害家人。在这种情况下双方都要克服"不饶恕"。

（1）寻求宽恕的人需要确认自己真的悔改了，并找朋友或督导者帮助自己，预防再次犯错，保证被自己伤害的人不再被伤害。

（2）给予宽恕的人需要不再提起过去的伤害，也不再用过去的伤害继续责备对方，让伤口无法愈合。翻旧账只会引起更多的副作用，决不要跟对方翻旧账，也不要跟其他人提旧事。建议你们约定一个信号，彼此提醒，不再提旧账。

（3）双方要远离错误的期待。我们身体受伤流血之后需要服药才能愈合。同样，当婚姻里的信任遭到破坏，就需要用呵护伤口的心情来治疗破裂的关系。这需要我们对治愈的过程持有实际的而非理想化的期待,这样才不会在对方疼痛的时候感觉失望或绝望。

(4)重建信任需要冒险。我们既然决定维持婚姻,就需要继续冒险来发展爱情和友谊,不要让过去阻拦成长。

佩蓉的心灵工坊

1. 如果你们目前正在处理冲突,可以约个时间到外面去讨论,用爱心说诚实话,真诚面对,讨论你们之间的需求和差异,然后一起寻找双方都能接受的解决方法。

2. 约定一个制怒信号,让你们在快要爆发时赶紧叫暂停。

3. 如果目前你们的关系很好,可以假设一个情景,练习下和好的过程,以后发生冲突时就知道怎样应对了。

为千有话说

佩蓉之所以吸引我，是因为她的性格和我刚好相反，她拥有许多我所不具备的品质，但这种差异也成了我们冲突的根源。比如，我们管理钱财、看待人际关系和时间，甚至打扫房间的方式都不同。不过，这些年来我们努力理解彼此、相互妥协，消除了很多分歧。

佩蓉不喜欢户外运动而我喜欢。出于爱我，她选择跟我去远足和骑行。我们最近在驾驶房车旅行，说明我们已经能够相互适应、同舟共济。又比如，我们无法改变自己的消费观念，所以就制定了一套消费和储蓄原则来解决这个问题。

减少分歧、化解冲突的一个好办法是坦诚沟通，然后想办法接受不同。我觉得这些年来自己做了不少妥协，也调整自己适应和佩蓉的生活。但有趣的是，这种紧张感从来没有消失过——如果我不控制自己，就还会抱怨，说一些难听的话。即便是现在，我准备好出门了还是要等佩蓉，因为她要确保万无一失才肯走。婚姻是场持久战，我们俩个性都太强了，都认为自己的方式更好。水平高、个性强的人在婚姻里会经历更多冲突，因为他们界线清晰、爱憎分明。

在职场、在家庭，甚至在公共场所，在任何关系中都会有冲突。有时候我会尽量避免冲突，但不会因为害怕冲突而选择逃避，更不会压抑自己的声音和想法。

冲突有不同的形式，在婚姻中常表现为分歧。这可能是家庭背景、性别和性格差异造成的。如果两个人来自不同的文化，那冲突的可能性就更大了。男女性别上的差异也会导致冲突，但了解一点解剖学和荷尔蒙方面的知识就迎刃而解了。因此，冲突是人类关系中的常态，人不经历冲突就无法与其他人建立有意义的连接。夫妻间的许多差异是无法改变的，所以我们必须学会彼此接纳，制定应对措施，在冲突发生时管理好情绪。我和佩蓉发现表达需求、承认情绪和做好情绪的主人可以减少冲突。比如，把"你从来都没有这样做过，你是……"换成"我觉得……我需要你……"效果会很不一样的。

夫妻间的差异也可以变成优势。比如，孩子可能因为和你很不一样而引发冲突，但配偶却可以理解孩子，甚至欣赏这种差异。我家孩子都知道，想解决关系问题就找妈妈谈，想规划度假就找爸爸谈。两个不同背景的人共同养育孩子是很巧妙的，这样两个人可以各自发挥所长，培养出更健康、适应力更强的孩子。我渐渐意识到，正是这些差异让我们走到了一起，也让我们现在能够帮助他人。我们喜欢一起辅导其他夫妻，因为两个人能从不同的角度看待问题，深入对方内心，从而帮他们增进理解。

有意或无意的伤害也会引发冲突。除了差异导致的冲突外，我和佩蓉还常因为讲话不注意方式而争吵。我们俩的一大惨痛教训是，不要还没全面了解情况就妄下定论、责怪对方。像我们这种比较冲动的人都这样干过。最后，我们变得很会伤害对方，因为我们都想进行报复或先发制人。结婚初期我和佩蓉常常一吵就不可收拾，我们会对准对方的弱点进行攻击，比如佩蓉会翻我的旧账。对于这类冲突，我们必须找到长效的解决办法，还要在情绪上升前及早发现并克制自己，这样才不会把冲突升级为全面战争。

说实话，我也不知道自己是怎样胜过那些婚姻风暴与危机的。我们摔过碗盘，佩蓉曾经带大儿子离家出走。我们结婚时没有得到佩蓉父母的祝福，后来他们要为我们补办一场奢华"婚礼"。就在举办前我们大吵了一架，我转身就坐飞机走了。这个"国际事件"（温哥华和洛杉矶之间）激怒了她的父母，导致我们分居了3个月，随后又接受了3年的婚姻辅导。但这也开启了一段艰苦旅程，让我们学习省察自己、承担责任和寻求宽恕。我们意识到伤害源于彼此的期望和需求没有得到满足。例如，我非常需要得到佩蓉的肯定，即使表现得不好也希望她能尊重我。当我不被尊重时，伤害表现为愤怒，所以我会大发雷霆。婚姻辅导和信念帮我们度过了最黑暗的岁月，让我们认识到自己是破碎、需要恩典的人。慢慢地，我看清了自己刚硬的内心，学会从容应对别人的冒犯。这是一段漫长但改变了我们的旅程。

如果我们能了解冲突类型、反思自身问题、学习解决之道，就可以建造和谐的婚姻。冲突不解决就离席，意味着你将带着包袱进入下一场婚姻。不要指望逃跑或抄近路能使你找到幸福。如果你正身处伤痛和情感冲突中，我建议你去接受专业辅导。现在，我和佩蓉发生冲突时会尽快请求对方原谅，尽快和好，这样才不会怀着怒气入夜。当你认为是对方的错时就很难道歉，但如果你先为破坏信任关系导致无法用爱心交流而道歉，就是在为医治伤口、修复关系做贡献。冲突无法避免但可以管理，甚至可以用来强化关系。说实话，我们俩真的不比别人强，我甚至觉得我们处理冲突的能力不如很多人，我们只是不肯放弃。希望我们的故事能鼓励到大家，帮各位找到希望、继续前行。加油，别放弃！

第 8 关

管理情绪

为情绪立界线,不勒索他人

拒绝情感勒索,设立健康界线

虽然中国文化很看重人情,但人们却缺乏界线概念,常常使家庭变成了身份不清、情绪纠缠、为彼此情绪负责任、用情绪操纵或勒索对方的环境。我们从好朋友去餐厅吃饭这种事,就可以清楚地看到中西文化在情感界线上的差异。

在中国,人们习惯一方请客,另一方下次回请,偿还所欠的人情。即便两人不一定是很好的朋友也不一定很喜欢在一起,但因为潜规则如此,所以下次还会聚餐。在美国,普遍的做法是各自买单。这样,大家谁也不欠谁的,大家一起吃饭是因为想要在一起,不是因为还人情,不请不好意思。

因此,我们在学习处理情绪前还是先要练习树立界线,这一章我主要分享情绪界线。我们要明白，每个人都会有情绪，但每个人也要为自己的情绪负责，不把情绪发泄到他人身上，不用情绪来控制别人，也不必承担他人的责任。

在第二章我谈过心理学家苏珊·福沃德提出的"情感勒索"这个概念。我们需要反思自己原生家庭里的人是否常用这种方法沟通，然后再反省自己是否也滥用情绪操纵家人。

什么是情感勒索呢？就是两个缺乏安全感的人不重视自己的感受却把照顾对方（被勒索者）的感受当作自己的责任，或者把照顾自己（勒索者）的感受当作对方的责任。这就形成了一种"病态性共同依赖"（co-dependence）。彼此都害怕失去爱却又互相伤害。

大家都爱自己的家人，怎么还会进行情感勒索呢？我们都希望跟另一个人在一起的时候，对方会因我们而快乐。当家人不快乐的时候，有足够安全感的人会明白这不是因为自己不够好、不够可爱；但缺乏安全感、情感界线模糊的人会觉得，这都是自己的错，而且还会因为对方不快乐而失望或生气，然后会用各种方法（包括自己的情绪反应）来控制对方的感受，让他们尽快高兴起来。

很多华人家庭里都有这种情感勒索现象，所以我们应该练习建立健康的情感界线，这样才不会延续原生家庭的互动模式，继续彼此勒索。我们应该学会就事论事，每个人只为自己的情绪负责。

第 8 关　管理情绪：为情绪立界线，不勒索他人

不接纳负面情绪就没有情感连接

美国约翰·霍普金斯大学的两位博士在 1983 年发布了一项研究成果。为了寻找 5 种疾病的共同原因，他们追踪研究了 1377 名医学专业学生 30 多年，发现引起精神病、高血压、肿瘤、冠心病和自杀的最大因素是人在成长期缺乏跟父母的亲密关系。亲密关系使人感到自己的情绪被接纳，而不是被拒绝、忽略或否认。

婚姻和亲子等亲密关系也是如此。当我们感到对方无条件地接纳了自己的所有感受，就会很轻松地在对方面前卸下面具，做最真实的自己，也能信任对方而敞开心门分享自己的各种情绪。自由是亲密感所需的土壤。当我们感到对方只愿意看到我们积极的一面却不愿意面对我们负面的情绪时，就会不再向对方敞开自己，也不会分享自己真实的想法，只会在对方面前扮演他们期待的角色。同时，这种保留也让双方失去亲密感。

健康的家庭环境会接纳各种情绪。身处足够包容的环境中，人们彼此才会产生情感连接。相反，不健康的家庭环境会回避或禁止某些情绪，然后只允许某些情绪存在。要是我们只允许表达正面情绪，不允许其他情绪存在，人要么会压抑自己的感受，要么戴上面具伪装自己。这两种方式都无法让自己跟其他人产生情感连接。

《情绪轮》(中国版)　　来源于网络

北美著名心理学家普拉切克(Robert Plutchik)教授在20世纪80年代绘制了情绪轮模型。我们从上面这个中文简化版的图片里可以看到情绪轮中有那么多种相关或对立的情绪。

情绪被压抑扭曲会使我们厌恶有益的,喜欢上有害的。这种现象常会出现在不接纳所有情绪的环境里。比如,一个人内心悲伤,只有当他自由表达出悲伤时才可能获得别人的安慰和帮助。又比如,一个人看见别人遭受不公对待时,愤怒给他勇气去制止霸凌者。如果一个人不被允许表达负面情绪,他也很难深刻体会积极情绪,成长就会受阻碍,所感受到的快乐是肤浅又不真实的。更严重的是,这个人无法跟人建立情感连接,却可能跟替代品建立连接。这就是我经常提起的婚姻关系中的第三者。

另一种现象是，这些不被接纳的情绪会转变成另一种被接纳的情绪，从而强化了后者。我自己就是这样的例子。我们家的三姐妹从小就被灌输要比男孩强，不能有那些柔弱的情绪，比如恐惧或眼泪是不被允许的。因此，我刚结婚时一直没有哭过，但看到电影里的人物受伤时却会哭得一塌糊涂。接受婚姻辅导以后，我才发现这些电影提供了契机，允许我把多年压抑在内心深处的悲伤表达出来，所以会流许多泪。其他该流泪的时候，我表现出来的却是极具攻击性的愤怒。

体会多深的悲伤，就能体验多深的快乐

我曾分享过两篇关于《头脑特工队》这部电影的文章。很多儿童心理学家会用这部电影帮助孩子理解情绪的功能。该片把基本情绪划分为5个易记的角色——"喜悦""恐惧""愤怒""厌恶"和"悲伤"。虽然看起来主角似乎是"喜悦"，但其实真正的主角是"悲伤"。

"悲伤"被看作累赘，"喜悦"一直想把"悲伤"从11岁的主人公莱利的意识中赶走。事实上，研究发现悲伤和重要的生理觉醒有关，激活身体对失去的反馈。电影中的"悲伤"看上去很土，让人倒胃，但现实生活中悲伤会让人获得安慰和帮助。

电影用戏剧手段成功阐明了情绪心理学中的两个核心观点。

第一，情绪会使我们理性思考。研究发现，当前的情绪会塑造我

们对过去的记忆。这是"悲伤"在电影中的重要功能——引导小女孩莱利了解自己正在经历什么和失去了什么。

第二，情绪会组织社交生活。你可能认为悲伤是被动和不作为，但在《头脑特工队》和现实生活中，悲伤为人们团结在一起提供了动力。

电影开头，"愤怒"使莱利离开不知所措的爸爸，跑到楼上独自躲在黑暗的房间里。而电影结尾，"悲伤"让莱利和父母团聚，用拥抱和饱含深情的声音表达团圆的喜悦。

因此，我建议处理悲伤的方法就是拥抱悲伤，表现出来。面对配偶或孩子的悲伤，最好的反应就是给予陪伴、接纳和安慰，耐心聆听和拥抱。悲伤会让我们认清那些已经丢失的事物，从而迎接新生活。根据情绪轮理论，悲伤的反面是快乐，所以当一个人深深地体会到悲伤，把它展露出来并得到安慰，他体验到的快乐也会随之深化。我们的情绪就像气球一样，一极的感受伸展了，另一极的能力也会伸展。

因此，我们看到每种情绪都有其存在的必要性。我们首先要接纳每种情绪，然后再耐心地帮助对方寻找其来源。这样才能用健康的方法疏导和处理这种情绪，实现它的功能。

你发起怒来像羊、恶犬，还是眼镜蛇

如果我们在成长的过程中没有学过如何处理某些情绪，现在就要

第 8 关 管理情绪：为情绪立界线，不勒索他人

补课了。如果配偶不习惯表达某种情绪，你会看到他习惯表达另外一种情绪。我们要耐心帮对方辨认自己的真实情绪，之后才能进行疏导。这是一个比较漫长的过程，因为对方已经养成了一些不正确的习惯，首先要帮他纠正过来。

我自己的例子就很典型。每次我跟为千吵架的时候，要是他的言语伤害了我，我都会以牙还牙回击他，最后他不得不求我停下来，因为已经被我骂得伤痕累累。面对我的语言暴力，有时候为千只能用摔东西来表达挫败感，因为他辩不过我。

因此，接下来我要谈的就是愤怒。我们中国人的文化里其实也有很浓的火药味，这就不难理解为什么大部分武侠小说都围绕着复仇来写。

愤怒是最有力量的情绪，也是所有情绪里唯一拥有攻击性和积极性的情绪，因为愤怒的功能就是要推动改变。历史上所有的革命都来源于愤怒，或者说是对不公义的愤怒。我在上一章已经谈了，愤怒就像炸药包一样，破坏性很大，因此也是危险的武器。

要是我们压抑愤怒，这些没有化解的愤怒会让人陷入痛苦和怨恨。一个人内心怀着没有化解的愤怒，表面上可能百依百顺，却很容易通过讽刺、抱怨或负面的言语流露出这种苦毒。没有化解的愤怒也能让人陷入自怜，然后用自怜来操纵对方。因为很多时候，愤怒是一种用情绪来强迫和控制别人的武器，往往比较弱的受控制者会用情感勒索反制对方。最后，没有化解的愤怒会使人彼此敌对，最后进入家

暴或谋杀。很多家暴行为都是因为怒气没有得到及时化解和处理。

在此，我简单分析一下家暴的原因，家暴的根源就是滥用愤怒或缺乏化解。著名心理学家约翰·戈特曼（John Gottman）总结了3种家暴性格类型。

1. **普通型**。这种类型的施暴者只是一时冲动或情绪失控才对妻子（丈夫）施暴，暴力行为也不是特别严重，丈夫（妻子）事后往往会后悔。

2. **恶犬型**。这种类型的丈夫（妻子）往往生长在暴力家庭中。父母冲突时往往通过暴力解决，所以日后这种丈夫（妻子）也复制了父母解决矛盾的方式。生活在这种丈夫（妻子）身边的妻子（丈夫）往往会选择离婚来逃避暴力。

3. **眼镜蛇型**。施暴者冷酷无情、极度自信，喜欢报复并擅长控制他人，有时甚至会鼓励妻子（丈夫）外遇，然后以暴力来折磨和控制妻子（丈夫）。这种病态型的丈夫（妻子）有明显的人格缺陷，性格偏执、神经质或冲动。

施暴者并不一定都是男人。通常男人比较擅长使用身体的暴力，女人比较擅长使用语言或精神暴力，双方也都能使用冷暴力。我们夫妻就是典型的例子——女人用语言暴力来攻击或控制男人，导致男人用摔东西等暴力方式回击。男人不太擅长用语言表达自己，我认为是因为我们没有在这方面培养男孩。我们夫妻接受过心理辅导，我们家的 3 个男孩都从我们这里学会了表达和管理情绪。

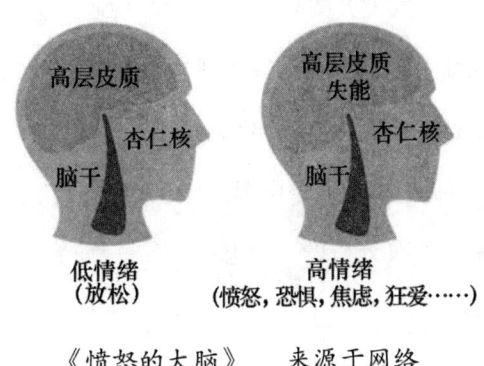

《愤怒的大脑》　　来源于网络

脑神经学家都知道，人生气的时候大脑处于高亢奋状态，大量肾上腺素使大脑的高层皮质失去功能，而高层皮质是用来思考和控制情绪的。肾上腺素会使我们的身体准备面对威胁，所以我们会心跳加速，脸变红，肌肉紧绷，以备反击。此时，如果我们离开现场（也就是威胁来源）给自己缓冲的机会，就是在给大脑时间，让肾上腺素降下来，让高层皮质恢复正常功能，重新获得思考能力，理智地面对和处理冲突。

深呼吸、数到 100、散步和运动等方式都可以消耗肾上腺素，此外思考也可以帮大脑冷静下来。为什么呢？因为大脑会抑制生产肾上腺素以助力思考。肾上腺素是一种攻击性比较强的荷尔蒙，也是产生怒气的主要因素。当你用思考来消解肾上腺素对大脑的影响，你就是在降低怒气。

上一章的作业是约定一个暂停信号，现在这个信号可以派上用场了。下次当你心里怒气上升的时候可以给他（她）这个信号，说："我心跳加快，脸也红了，身体肌肉开始绷紧，所以在我失控前需要停下来，让我冷静下来再跟你讨论这个问题。"

在讨论问题前我们可做以下思考：

（1）借助我们上次分析的"愤怒—受伤—期待—需求"模型，挖掘愤怒底下的需求。

（2）检验欲望。当我们得不到自己非常想要的东西时，挫败感会让我们生气。要是这种欲望需要配偶来实现，当配偶不配合时我们便向其倾倒怒气。所以我们需要思考自己的欲望是否合理、是否有必要、是否超过了我们对家人的爱。

我们可以问自己：

• 我大部分时间都在关注什么？清早醒来想的是什么？晚上又是怀着什么样的期待入睡？

• 如果我_____了，我就能快乐，或者安全了。

• 我想要保留什么？避免什么？我相信什么？害怕什么？害怕失去什么？

• 当我没有了_____，我会灰心、抱怨、愤怒或伤心。

• 为了满足这个欲望，我可以伤害别人，甚至愿意让人失望吗？

当你暴露出内心如此强烈的欲望，而且发现这一欲望超越了你对配偶的爱，你就能真正着手对付这个欲望了。

我曾写过一些文章，比如《教孩子管理自己愤怒和焦虑的情绪》《如何使用提问来平息孩子的怒气》等，里面有很多技巧是讲如何把孩子的注意力从怒气转移到思考上。比如，你问他这件事是大事、中事，还是小事，他的大脑就开始冷静下来思考问题的严重性，以及如何去面对和解决，而不是把情绪发泄到周围人身上。

我相信这不仅能帮助孩子，也能帮助大人。

请记住，我们不能要求或帮孩子做我们没做过的事情。要是你没有做过，请先自己实践了再去帮助孩子。

通常处理愤怒可分为3个阶段：

第一个阶段是辨认情绪。可以用情绪轮来辨认不同情绪。我建议大家时不时挑选情绪轮里的基本情绪，回顾一下过去何时经历过这种情绪，然后试试能否通过回顾再次体验这种情绪。也可以观察生理上有什么反应或症状，比如心跳、脸红或颤抖。

第二个阶段是思考这种情绪的感受和来源。一个很有帮助的习惯是写"愤怒日记"，回顾今天让自己愤怒或焦虑的事情，然后记录发生了什么、自己的感受、事情的严重性和身体反应等。这种日记能帮助我们认知自己的感受，用文字表达出来，并疏导反应。当这个过程成为了习惯，我们就养成了管理怒气的能力，不再被怒气辖制。

可以把第一个阶段经历的感受和身体反应记录在日记里。这一步的关键点是，给自己足够时间去观察、了解、体会、思考和反省情绪的来龙去脉及对自己的影响。这一过程也是跟自己的情绪做朋友的好机会。

第三个阶段是去寻找适当的方法应对愤怒。比如，视觉缓冲（比如看漏沙或室内喷泉）、让自己放松的活动（吹泡泡、听音乐等）、给自己安慰的活动（拥抱或将注意力转移到画画或弹钢琴这样的活动上）、运动（跳绳或散步）、握或捏道具（压力球或彩泥）、嚼东西（嚼口香糖或吃水果），如此等等。在我们家，音乐和运动对我们很管用。

处理强烈情绪的过程与处理情感勒索的过程很类似。当我们面对别人的情感勒索时也需要经过3个步骤：

第一步是停下来，不要太快回应。当对方勒索你或你勒索对方的时候，先停下来看看发生了什么事。要是你能停下来不立刻做出反应，就能察觉和思考对方到底在做什么。

第二步是看。因为不论是勒索或是被勒索的人往往都不在乎自己的感受，也就是看不见自己的感受。你可以先弄清自己的感受是什么，进而安抚自己的焦虑和罪恶感，有时可以离开现场。这样渐渐地就能建立起彼此间的情绪界线。

第三步才是回应。当对方情绪缓和了，你也理智思考了如何处理勒索者的行为和要求后，再回到现场，做出恰当的回应。你可以理智地跟对方谈，也可以坚持自己的界线和立场。

你能写出 100 条感谢配偶的事由吗

大量研究证实，抗压和消除负面情绪最好的办法是时常感恩，变负面情绪为正向思考。对待愤怒也是如此。现在很多夫妻关系辅导机构都会让参会的夫妻写出几十条感谢配偶的事情，大多要求写出 50~100 条。要是你一下子写不出这么多条，可以一次写 10 条，每次写完还可以顺便用短信发给配偶，几天后再增加 10 条。

大家可能都听过《活出圣洁》这本超级畅销书。作者加里·斯莫利（Gary Smalley）2016 年去世，享年 75 岁。他留下的多本书还在继续影响着成千上万的夫妻。斯莫利的儿子也是婚姻图书的作者和培训师。下面是他分享的关于其父亲的故事，相信能对大家有所启发。

一次晚餐的时候，斯莫利和妻子激烈地争论一件事，争到面红耳赤。最后斯莫利离开了餐桌走进书房，大声摔门，把自己关在书房里。过了半小时，儿子敲门走进爸爸的书房，看到斯莫利正专心地盯着电脑屏幕。他以为父亲是在浏览网页消气，就问爸爸在看什么。没想到，斯莫利说他正在复习自己写的 100 条感谢妻子的事由清单，提醒自己为什么会爱上这个女人。儿子惊讶地问，你那么生气还能看得进去？斯莫利说，一个人最需要自省的时候不是一帆风顺之时而是现在这样的时刻。斯莫利又说，他看了清单以后清醒了，因为清单上写的这些没有变，要是他有机会再选择，还是会跟妻子结婚过一辈子。斯莫利的儿子说此时他对父亲的敬意增加了100倍，也告诉自己要学习父亲，跟妻子吵架时要拿出感谢清单来提醒自己。

我和为千听了这个故事后也准备了一份清单，吵架时可以拿出来使用。你们呢？我们唯有学会了管理情绪，才能用理智带领情绪，不让冲动左右我们的言行。

用陪伴、鼓励还有信心来战胜恐惧

当我们感到恐惧时，怎样才能鼓起勇气去面对呢？恐惧的另一极是愤怒，所以你用暴力行为或攻击性语言来回应，只会让对方更加恐惧。我们越恐惧就越需要陪伴、安全感和信心，这样才能鼓起勇气去面对恐惧。为千失业的时候，他告诉我他最需要的不是我过节俭生活，也不是忙着出去赚钱，而是对他表达坚定的信心，做他的啦啦队长。

女性比较擅长表达恐惧，男性却比较难以分享恐惧。要是丈夫信任你，跟你分享他的恐惧，请好好珍惜，用你的陪伴、鼓励还有信心帮他鼓起勇气面对恐惧。当他克服了恐惧，要多多祝贺并肯定他，给他加油；要是他没有克服，也不要批评或藐视而是继续信任他。配偶需要这样，孩子也需要这样。

佩蓉的心灵工坊

1. 跟你的配偶一起写出 50~100 条感恩的事由。
2. 你以前如何处理自己的悲伤、愤怒和恐惧？
3. 你以前如何回应配偶的悲伤、愤怒和恐惧？
4. 你要如何改变自己处理悲伤、愤怒和恐惧的方式？
5. 你要如何改变处理配偶悲伤、愤怒和恐惧的方式？

为千有话 说

唉,这可能是我最难以评论的一章了,因为我也不擅长管理情绪。我记得小时候妈妈常说我脾气不好。婚后多年我们一直挣扎于控制愤怒情绪,但依然无法很好地控制。我还记得父亲大发雷霆的样子。其实他是个彬彬有礼、心地善良的人,但像多数中国男人一样不知道如何管理负面情绪。我们总是尽可能地压抑怒气直到再也忍不住,然后就像火山一样爆发,威力甚至让我们自己也大吃一惊。

我在前一章提到过,发怒常常是因为我们的需求没有得到满足或受到了伤害。人的关系越亲密就越会因为敞开心扉而失望、受伤,这就是为什么愤怒是婚姻中最常见的负面情绪。在这里,我主要分享卜控制愤怒方面的经验。

我和佩蓉刚开始交往时虽然彼此倾心,但那时就经常生气互相伤害。我们吵架时产生的负能量非常具有杀伤力。我记得那时,如果她很关心朋友却不迅速回我电话,我就会觉得不被尊重;如果她不按我说的做,我就会生气,心里会涌起怒火。我会猜测她是否真的在乎我们的关系,质疑她的忠诚。随后,我的指责又加剧了伤害和愤怒,最后大战一场,两败俱伤。

第 8 关　管理情绪：为情绪立界线，不勒索他人

犹太人的箴言说得好，粗暴的言辞激起愤怒。如果起初的争执是雷声，那么互相怒骂就像龙卷风一样，所到之处一片狼藉。愤怒使我们说出难听的话，有时特别恶毒以至于留下很深的情感创伤，需要很多辅导和时间才能抚平伤痛。我们在社会上看到语言暴力会导致身体暴力。这就是为什么我们真的需要学会管理负面情绪的原由。

说实话，我们大多数人都没学过如何表达感受和管理情绪。中国文化不鼓励我们表现情绪，当然也不鼓励表现消极情绪。我们都会很快地把责任推到别人身上。对我们来说很难但很有必要学习的就是停下来、深呼吸，这样才能安静下来，清醒地思考，避免吵架。

在接受婚姻辅导的这些年里，我们学会了如何放慢脚步来阻止事态升级。为了避免不经思考就冲动回应，我们学会了识别原生家庭带来的诱因和坏习惯。比如，如果佩蓉不接我电话，或者没事先咨询我意见就代表我们做决定，我就会对她做出最坏的猜测。我很容易忘记了这是她的个性使然，不是因为她不爱我或不尊重我。当我接受了她的这种性格，消极的情绪就会降到最低点。

另一大进步是从使用"你……"变成使用"我……"，也就是把诸如"你总是忽视我"换成"我需要你多关注我"，如此等等。我们还了解到人的情感能量都是有限的，所以当我们累了或饿了的时候最好避免讨论敏感话题。像咖啡馆这样的公共场所就比较适合进行，因为我们在大众面前会比较留意自己说话的音量和口气，从而不让冲突升级。我们越相互了解就越习惯于问对方如何做会更好，这样冲突和愤

怒也会越少。要控制愤怒，最好是减少引发怒气的事情。一旦怒气激发，我们会中场休息一下，避免事态升级。最后，如果愤怒造成了伤害，我们会尽快原谅对方并寻求对方原谅。

人都有喜怒哀乐。我们不是要避免负面情绪，而是将其管理起来，这样才能以爱为旗、和睦而居。

第9关

婚姻脱轨
婚姻脱离传统轨道怎么办

只要在一起，什么样的苦日子都能度过

生活不总是一帆风顺，有时婚姻也会因各种因素触礁。下面我们一起来探讨"脱离传统轨道"的婚姻及家庭（如两地分居、外遇和单亲家庭等）所需要面对的其他挑战。

传统婚姻模式下，孩子们都应跟自己的原生父母同住，但因各种原因，有时夫妻无法在一起。家庭该怎样合宜地处理这些情况呢？

大家听一下我的背景便能理解我的婚姻价值观从何而来。我出生在一个重男轻女的大家族。父母在20世纪70年代就把我们三姐妹送到加拿大读书。他们觉得出国接受教育会对我们未来的发展比较好，但他们必须在我国台湾打理生意，所以就两边来回奔波。我妈妈说她每次上飞机都会流泪，因为一边是离开丈夫一边是离开孩子，两边都难割舍。虽然家里不缺钱，但我还是觉得生活不富有，因为常常一年中有好几个月看不到爸爸。

现在有个词叫"内在美",意思就是内人在美国。我妈妈就是早期的"内在美"。她的婚姻因为长期分离和撕扯而破裂,不得不经常离开我们去挽救婚姻。这就是我坚决反对夫妻长期两地分居的原因。父母这一代人,子女都长大了,他们进入了空巢期,婚姻能健康存续的却不多。即使没有离婚,感情也淡化了很多。为了孩子的教育,为了更好的生活,本该一辈子相守的夫妻却聚少离多,牺牲了精神财富和天伦之乐。到了他们最需要携手相伴的时候,名存实亡的婚姻带来的却是寂寞无依。身边的那个人要么跟自己的价值观完全不同,要么早已离去。

庆幸的是,我高中时父母决定搬到温哥华长住。这个过程也非常不顺利,因为语言和习惯都要从头学起,外加那时温哥华有一定的种族歧视现象,我父母以前累积的婚姻矛盾就都暴露出来。那时家里的气氛非常紧张。

在接受婚前辅导时,我非常认同全家人要同住的教导。婚后我跟为千的一个原则就是无论多穷、多难,全家人都要在一起。我们不能为了让家里的某个人变优秀而让其他人做土包子。要土大家一起土,这样才不会寂寞。只要能在一起,即使每天只能吃面包喝白开水,我们都觉得幸福。

我跟为千在难民营做志愿者时,不觉得物质和身体上的痛苦会比精神和灵魂上的更难熬。所以,当为千被公司派到北京,我就带着孩子跟为千一起去。家里人都很不理解，认为我们疯了。别人都拼命把孩子送去国外读书，我们俩却要牺牲孩子的未来让他们读国内的学校。当时我们就是坚持要全家在一起，只要在一起，什么样的苦日子都能度过。时间证明我们是对的。我们看似为了保全婚姻而牺牲了孩子的教育，其实不然，我们保护的是全家人的心。虽然现在孩子们已经单飞，但我们的心仍在一起。这是我至今仍坚持的原则。

被困难拆散的家庭很难得到幸福。我不是诅咒这样的家庭，而是说人们需要在一起才能保持亲密关系。没有任何先进的科技能代替彼此陪伴的生活。所以，长久分开的夫妻很难有感情，因为生活没有交集。

不要轻易选择两地分居

婚姻的原始模式就是一夫一妻恩恩爱爱地在一起过日子，其他模式都不是最理想的。但我也相信人的弹性很惊人。一个人身体残疾了不代表他就不能拥有幸福人生。同样，不是最理想状态的婚姻模式也有可能带来幸福。我们先来看第一种情况——两地分居。

1. **两地分居及其危害**。

有的夫妻分别在不同城市工作，而孩子又在另一个地方让老人照顾。这样的家庭结构很危险。我强烈建议他们尽快在一起生活。婚姻就是为建立最亲密关系设立的，也是为了一起养育孩子。这些事都需要身心灵在一起才能实现。科技再发达也不能代替一起经历生活的酸甜苦辣，一起建立共同的家庭历史，以及享受共同回忆带来的情感交融。

两地分居的婚姻无法持续太久，因为没有任何亲密关系能经得起分居带来的孤独和隔离感。既然要成为一体就需要在一起。即使经济或其他因素让两人不得已分开一段时间，夫妻俩也要尽快回去一起同住。人在婚姻里有各种生理和心理需要。要是另一半不在身边，人就会很自然地去寻找其他人或事物来满足自己。

以下是两个有关两地分居的问题：

A：佩蓉老师，因为工作原因，我跟媳妇儿婚后是两地分居状态，大概半年才会见一次。时间久了，觉得夫妻间没什么感觉了。该怎么办呢？

B：我和宝爸不在一个城市生活，有时候出现一些问题和矛盾的时候，彼此看不见表情，只有沉默。即使在一起，我们有问题的时候也不太说话，而是慢慢消化。但是距离并不一定产生美，总是感觉用电话或者视频交流解决不了问题。想向老师请教一下，像我们这种异地的夫妻怎么交流沟通会更加有效？

这两个问题很好地体现了两地分居带来的独特挑战。虽然住在一起的夫妇也会经历一系列的问题，却不会是"久不见面就没感觉"和

第 9 关 婚姻脱轨：婚姻脱离传统轨道怎么办

"有问题却看不见表情，只有沉默"。对此，我会先分析两地分居会给婚姻带来的挑战，然后给出一些具体建议。但请注意，这些建议都是暂时的，还是希望分居的夫妻尽快让全家人在一起生活。

两地分居给婚姻带来的挑战有：

- 距离容易带来猜疑和嫉妒。

- 缺乏承诺。

- 缺乏披露新的异性友谊，而这很可能威胁到婚姻。

- 分居使夫妻回避已经存在的婚姻问题，让双方假装没有问题。

- 单独去参加亲朋好友的活动。

- 缺乏性生活。

- 难以安排好孩子的生活。

- 增加了一层费用。

- 两地分居会使两人间的承诺和情感渐渐枯萎。说不定有一天，一方会意识到自己不想让对方回到自己身边，这种感受会给婚姻带来很大的伤害。

- 为了配合一方的工作，另外一方需要承担更多的育儿责任，因此要接受一份离家比较近的工作。虽然这并不一定会降低工作的待遇或满足感，但有时候也会造成配偶心理不平衡。

- 更高的收入不等于更多的幸福感。2003—2016 年瑞士经济、管理和艺术研究中心（Center for Research in Economics, Management and the Arts）的经济学家调研测定，每多出 1 小时的通勤时间，需要提高 40% 的收入才能抵消被牺牲掉的满足感。这种时间上的花费和缺乏陪伴的失落感会给家人带来更多抱怨和怒气,其伤害很难用金钱来衡量。

• 没有人享受通勤。拥挤的交通及快节奏生活给人们带来了巨大压力。再加上大把时间花在路上,人很容易把负面情绪带回家里。瑞典一项 10 年跟踪调研(1995—2005 年)发现,要是夫妻中的一方通勤时间超过 45 分钟,他们离婚的比例会比其他夫妇高出 40%。

丹尼尔·林德曼(Danielle Lindemann)是美国罗格斯大学妇女与职业中心的主任(Director at Center for Women and Work at Rutgers University)。她也曾经因为工作而与丈夫两地分居,所以她一直在研究两地分居对婚姻的影响。其中一项调研的采访对象是 97 名 20 到 60 多岁来自各行各业的本科及以上学历的专业人士。根据她的研究,两地分居对于男性和女性有着不同的影响。女性认为分居让她们感到自由,有空间安排自己的时间、生活,以及获得比较高质量的休息。不过,有孩子的女性需要承担更多的育儿责任,也会对丈夫缺席育儿有更多抱怨。男性却认为分居使他们经历寂寞。在家务事上,更多女性会花时间自己打理,但大部分的男性会雇人来打理。

两地分居的夫妻需认真考虑三大问题:

(1)性爱是婚姻的核电厂。很多时候,性爱能化解各种情绪和矛盾,重新点燃爱情火花,唤醒浪漫情感,是婚姻里的情感黏结剂。两地分居的夫妻却很难随时随地享受这一巨大能量。因为距离,性生活不方便也不可能进行。夫妻团聚时,精力又被其他事情占用,很难轻松享受浪漫时刻。

可能你很有信心,觉得自己很伟大,为了孩子、为了未来能克制自己。但我一直强调空杯子倒不出任何东西。自己的需求没有得到满足,迟早会陷入抱怨和自怜。这种情绪迟早会发泄到周围人身上,包括孩子,从而形成伤害圈。

其实,我们能给孩子的最好礼物不是优裕的经济条件或自己伟大的牺牲,而是快乐的家庭以及父母美满的婚姻。只要孩子的心里有这些情感资本就不怕以后会没有出路。如果家长说这都是为了孩子,孩子就需要背负这些成人的重担,也要用他的人生来回报这种牺牲。这是非常可怕的情感纠缠和情感勒索。两地分居的夫妻,他们的孩子就走在这条路上。

(2)如果经济能力有限,也不要两地分居。大部分两地分居的夫妻一开始都很有雄心,愿意牺牲自己进入这种生活。然而,夫妻即使降低了自己的生活质量,两地分居还是会产生一大笔费用。除了交通费,也要多承担一份住宿费用。此外,两地分居来来往往的见面也会消耗大量的时间和精力。

上面两个权威调研数据表明,两地奔波消耗的时间和精力、缺乏家人陪伴的失落感,以及每个人在身心健康上所付出的代价……这是多少金钱都换不来的。再者,男女对两地分居会有不同的感受,男性感受到的寂寞会比女性多,所以男性会面临更多心理和生理上的挑战。这些代价都需要考虑,不要高估自己或配偶的承受能力。

（3）即使老人可以帮你们照顾孩子，也不要考虑两地分居。很多人觉得老人免费帮自己照顾孩子可以节省保姆或托儿所费用，这样妻子就能承担一份比较轻松的工作，但世界上真的没有免费午餐。要是老人愿意牺牲自己来帮助你，无论他们多么有爱心，都会觉得有权干涉你的生活，因为他们"无私"付出了。要是你跟这个长辈意见不同，你就要承担他（她）的非议。即使对方没有表达出来，你也能感觉到这种压力。

要是这个长辈是配偶的父母，他（她）会觉得自己的孩子很辛苦，让你占便宜了。要是这个长辈是你父母，他们迟早会对你的配偶产生意见，认为其对家庭没有足够投入。

每个人都会很自然地从自己的视角去看待事情。无论你多么通情达理都很难用另一个人的眼光去看待，因为你不是他，而距离也拦阻了你去了解和体谅他。要是配偶离开你和孩子去远方工作，你很难不抱怨。要是你就是离开的那一位，你也会感觉寂寞，然后羡慕周围能在一起的人。

夫妻中一方离开，留下另一方与孩子和老人同住，也会造成同住一处的人拉近距离，而在外地的配偶被疏远的情况，迟早他（她）会被踢出圈子。这是很多人都不会预料到的，但发生的可能性却很大。

要是你们考虑过以下问题，则可以尝试两地分居：

- 讨论清楚分居的原因。
- 讨论清楚分居的细节，谨慎思考和接受了分居所要承担的精力和费用。

- 排除了对分居动机的猜疑。
- 要是你们的婚姻正面临危机，说不定分居是个暂时的应对方法。

要是你们有以下情况，就千万不要考虑两地分居：
- 怀疑配偶不忠诚。
- 有经济限制。
- 需要照顾老人或小孩。
- 被亲戚或朋友煽动。

要是你目前没有选择，环境不允许你们同住，以下建议可以帮你们维持亲密感：

（1）尽量提早做计划。咨询成功分居的夫妇，跟他们取经。跟不同人群建立联系，因为你们需要从不同渠道获得帮助，以胜任两地分居所带来的艰辛和挑战。

（2）保持顺畅的沟通。无论是视频、电话、短信、微信，还是写信，要保持联络。不要惧怕讲无聊的事，而是要无话不说。尽量使用甜言蜜语，多说"我爱你，我好喜欢你，我好想念你"这样的话。

（3）沟通时尽量用"不需用手"的沟通工具，比如蓝牙耳机。拿着手机讲话会让你觉得对方很遥远。我们边讲话边走来走去会感觉对方好像就在身边，便拉近了两边的距离。

（4）不断为性爱保鲜，避免嫉妒。敞开分享彼此的寂寞感和面临的诱惑，也尽量在电话或视频里，还有面对面时进行性爱。

（5）使用高科技来记录对方，比如把对方的声音录制在手机上，保持微信联系，如此等等。

（6）双方都要在当地建立健康的同性友谊，妻子要有个闺蜜圈、丈夫要有个哥们圈来满足社交的需要，预防寂寞。这样当需要吐槽或谈心时才不会不知所措。

（7）参加一些当地活动。比如参加音乐、舞蹈或摄影班，让自己在当地有社交圈子。

（8）尽量合理分配育儿责任，让丈夫和妻子都有份。比如：

• 夫妻共同报名上亲子教育课程，建立共同的育儿理念、语言和价值观，在家务事、管教、作业、电子用品和交友这些重要事情上以一致观点来处理问题。

• 周一到周五晚上爸爸通过视频来辅导孩子写作业，周末妈妈带孩子去参加不同活动，其他时间也进行合理分配。

（9）动脑筋寻找能建立共同点的活动。比如，玩游戏，一起看一本书或电影，分享照片、音乐和有趣的视频等。千万避免在电话或视频里吵架，要让你们沟通的时间温暖又甜蜜。

（10）长期分离会带来愤怒、不公平感及委屈感。尽量沟通、处理和疏导这些负面情绪，在一周内解决。可以找朋友谈心，跟配偶讨论有创意的解决方法，或者尽快安排见面。

（11）把见面安排成度假。外地的配偶最渴望回家度假，家里的配偶也可以安排时间去探访外地配偶。这样既节省住宿费用，又能探索新地方，还能了解配偶平时如何生活，从而对配偶的工作与生活境遇多一份谅解。

（12）提前处理完杂事，为见面创造高质量时间。

（13）见面以前调整预期。不要以为你一回家就会看到一个干净清洁的家，她一定会来机场接你，或者一切都会很完美。调整预期，怀着一个愿意"期待惊讶"的心，不让自己的失望破坏难得的重逢。

（14）你们见面的时候不要太急着处理事情或解决问题。先从"我好想念你""好高兴重新见到你了"这样的表达开始。先解决需要沟通的事情，然后腾出时间来做你们谈恋爱时所做的事——听音乐、拥抱、放松、逛街等。安排一些单独相处的时间，没有孩子和其他分心的事，才有机会重新点燃浪漫火花。

两地分居的婚姻很艰难，夫妻不应轻易选择这样做。如果环境暂时不允许你们在一起，希望你们能够多做一些"防火"工作，安全度过这段时间，尽快恢复同住。不要没准备就分居，然后再去"救火"，那时候你们的婚姻很可能已经无可挽回了。

还记不记得第一章里提到的孤独？如果结婚是为了不再孤独，为什么结婚以后你们还要忍受孤独？如果你们分居超过了两年，无论如何都要说服自己，想尽一切办法团聚在一起。如果分居只是暂时的，你们要竭力维护感情，不能各忙各的。不然团聚的时候会发现两个人都变了，甚至变得不认识。

2. 外遇的缘由及其应对之策。

（1）外遇的缘由。

两地分居的婚姻最可能遭遇的就是外遇。我们在辅导这类婚姻中发现，无论出轨的是谁，其实早在第三者出现以前婚姻就出问题了，而且一直都没有解决。

通常，你很难让受害者看到自己在婚姻破裂中的责任，因为大家的焦点都对准了出轨者。这时，抹黑"渣男""渣女"、支持受害者往往比检讨双方过失容易得多。然而最大的受害者总是孩子，他们需要爸爸妈妈，而且他们也很爱爸爸妈妈。

让我们再次回到"需求"这个基本点上，重新审视这些人的哪些需求没有得到满足，然后再判断各自在婚姻破裂中的责任。第三者或代替品出现往往是因为需求没有得到满足。

人们因不愿继续孤独而进入婚姻。夫妻双方都需要被爱与接纳，需要被尊重、理解、珍惜、需要和认可；自己的能力和贡献也需要被看见和感激；跌倒的时候需要有人鼓励、陪伴和搀扶；需要有人对自己表达信心；需要活出有意义、有使命感的生活，有一个并肩作战的伙伴；还需要有归属感，有一个属于自己的家。

要是这些需求没有得到满足，人就会寻找替代品来满足这些需求。

外遇的缘由五花八门，在这里只陈述其中三类：

- 内需成了"第三者"。"第三者"不一定都是外面遇到的，也可能是自己的父母、工作、孩子或爱好。每个人都有被爱的需求，这种需求不会因孩子出生、成长而消失或降低。很多丈夫会在孩子出生后出轨，这是因为妻子的注意力都转移到了孩子身上，丈夫既得不到妻子的关注，在家里也没有地位，于是就去外面寻找关爱。还有些时候，一方在"孝敬父母"的名义下没有真正离开父母，没有跟配偶合为一体，所以被冷落的一方只能去其他地方取暖。

- 因停止成长被淘汰。网上有一个离婚典礼的视频。这对夫妻曾经一起拼搏，妻子为了丈夫牺牲很多。现在丈夫成功了却不要老婆了。这种脱轨现象表面看起来是丈夫忘恩负义，其实仔细思量会发现妻子在丈夫发展事业的同时没有与他同步成长，没有与丈夫保持情感连接。所以根本原因是他们丢失了婚姻里的友谊。除孩子以外，他们没有其他共同点。因此，这对夫妻只有过去没有未来。

- 一方习惯性出轨，恶习难改。这与出轨者的原生家庭和成长过程有关，可能他（她）已经对频繁更换性伴侣上瘾了。如果他（她）愿意承认自己需要帮助，可以为他（她）安排辅导来摆脱这种行为。但很多时候这种人不认为自己有问题，所以结果就是结了离、离了再结。

（2）面对外遇须客观对待。

- 放弃。如果出轨者坚持要离婚，不愿意回归家庭，或者第三者也有了孩子，另一方就需要放弃。

• 重建信任。如果出轨者愿意悔改并回归家庭，建议夫妻一起接受婚姻辅导来修补破裂的关系。最重要的是解决出轨前就存在的婚姻问题。这个过程漫长又艰难。受害者对背叛有很多愤怒，也困于无法信任对方；出轨者虽然很愧疚却很难向对方表达自己的需求，会继续在这种缺乏中挣扎。除非双方都坦然面对自己在婚姻破裂中的责任并深刻悔改，否则婚姻的伤痕很难愈合。我们也目睹过很多夫妻彼此宽恕后重建婚姻，变得更恩爱、更美好了，因而鼓励和祝福了更多人。

离别婚姻，但不离别生活

两个人能决心一辈子一起走很不容易。有了孩子后还毅然离婚，背后肯定有令人痛心的原因。我无法列出离婚的所有原因，但最想强调的是离婚后的两大功课：一是自我治愈；二是降低离婚对孩子的伤害。

1. 自我治愈。

如果你不直面离婚给自己带来的痛苦和伤害，不宽恕伤害你的人，不放下过去，不以积极的心态成长和面对未来，那么不仅会把自己封闭在内心监狱里，再婚时还会重蹈第一次婚姻失败的覆辙。大量数据证实，离过婚的人的离婚率远远大于没有离过婚的人。既然第一次都放弃了，第二、第三次就更容易放弃了。

其实无论是婚姻、工作还是任何组织都不可能完美。我发现如果人对自己的公司或婚姻有意见却没有解决，那么他还会把同样的包袱带到下一家公司或下一次婚姻中，也会以同样负面的眼光去看待下一家公司或婚姻。所以有了冲突或差异，最好的解决方法不是逃避或不欢而散，而是直面问题并想方设法解决问题。如果问题解决了却发现双方目标仍然不同，可以彼此祝福然后分开，而不是满怀着伤害和仇恨离开。

2. 降低离婚对孩子的伤害。

造成单亲家庭的原因有很多种。很多研究显示，因配偶死亡造成的单亲家庭和因离婚造成的单亲家庭，前者的孩子长大后心理健康指标要远高于后者的孩子。原因是前者的爸爸或妈妈在孩子面前提起的总是过世配偶的美好记忆，以及他们是多么爱自己的孩子。因此孩子会觉得自己是一个被爱的人，家也是一个完整的家，也能在脑海里对死去的爸爸或妈妈维持美好的印象。

相对地，因为离婚而失去一位亲人的孩子往往会有比较大的挣扎。他们会质疑——如果爸爸妈妈爱自己，那为什么还要离开？所以，离婚的家长需要多在孩子面前讲对方积极的一面，不要在孩子面前摧毁对方的形象，因为孩子需要爸爸也需要妈妈。即使你痛恨另一方也千万不要在孩子面前批评他（她），不要利用孩子来伤害对方。婚姻的失败是大人的事情，不是孩子的错，所以千万不要让你们之间的恩怨伤害到孩子。

既然你选择把孩子带到这个世界，就有义务把他（她）好好养大。有抚养权的一方要尽力善待看望孩子的另一方，也要鼓励对方经常来看望和陪伴孩子。父母需要把彼此间的情绪跟孩子对父母的需要分开。要用你们的语言和行为表明你们对孩子的爱是不变的，也要克制自己不在孩子面前讲对方的坏话，尽力维护孩子对另一方的好感。

下面是我给单亲家庭的具体建议，要让孩子们健康成长，以后也有建立幸福家庭的资本。

（1）接受失去，拥抱悲伤。读过第八章你会了解到，悲伤是经历失去后必定会感受到的。被抛弃的人要允许自己彻底地悲伤，接受自己失去配偶的事实。你只有接受和拥抱悲伤，将来才有能力更深地体会情绪光谱的另一极——喜乐。

（2）接纳自己的缺点和不足才能相信自己有成功的能力。任何失败都会产生挫败感，让人自责、自卑或自我质疑。因此，诚实地面对、承认自己需要改变和成长，要远比否认、逃避或怪罪别人更有益。要记住，失败并不可怕，失败以后不反思、不改变和不成长才真正可怕，因为这会使人重复同样的失败。只要我们有成长和改变就不用担心未来，等下次机会再来之前准备好就行。

（3）肯定自己的努力和进步。每次一有进步就可以奖励和肯定自己。这样我们才不会陷入灰心和消极的心态，而是庆祝每一小步的改变和进步。

（4）离开负能量的朋友，结交积极阳光的新朋友。如果有些朋友只会增加你对生活的不满和抱怨，请离开他们，多去结交充满正能量的朋友，跟他们建立友谊。

（5）宽恕自己，宽恕对方。我在本书第七章已经谈过宽恕的重要性，不再赘述。

（6）学会在独处中得到满足才能恢复健康的情感连接。很多人进入婚姻是因为迷茫，不知道自己是谁，也不知自己想要什么，期望配偶能给自己指明人生方向。然而，不认识自我的人很难被别人认识，更难正确认识别人。唯有当你喜欢自己、有办法跟自己友好相处（也就是独处的时候），才有可能与别人和睦相处，不给对方造成压力。

（7）操练感恩，祝福自己。消除自怜、抑郁等负面情绪的最好武器是感恩前行。当你全力以赴搜寻值得感恩的事情，就没有时间去想那些令人愤怒和伤心的事。你会发现，感恩会渐渐改变你待人接物的眼光，变消极防备的心态为积极正面的姿态。每天早上起来照镜子的时候，不要去看自己不满意的部分，而是祝福自己，相信自己值得被人爱和喜欢，也相信自己有能力去祝福别人。

（8）帮助他人，强大自己。美国一位成功的创业者在分享自己人生的转折点时说，她曾经是领政府补助金的单亲妈妈。有一天，她不想再沉浸在潦倒和抑郁之中，决心改变自己。她说，我虽然很穷，但至少能用最便宜的食材做可口的饭菜。她用仅有的一点钱去市场买些最便宜的食物回家，邀请孤独寂寞的邻居来家里一起吃饭。她敲了公寓里很多家的门，绝大多数人都没有接受邀请，最终有3个人赴宴。一个人饭后说："已经很久没有人愿意跟我一起吃饭了，也没有人愿意为我做饭了。谢谢你，让我不再寂寞！"说完感动地哭了起来。此时，这个单亲妈妈发现，虽然她很穷，但还是有能力帮助别人。为他人做晚饭的这个行动给了她信心。现在她拥有了一家很知名的餐厅，还在继续参与城里的各种慈善活动。她的儿子也为母亲自豪。

（9）为孩子找到家庭，使他们可以看到关系健康、父母双全的家庭生活模式。我曾经分享过，一个男孩需要三个家庭，人需要在榜样的带领下才能健康成长。虽然单亲家庭的孩子缺少完整家庭，但可以找爷爷奶奶、叔叔阿姨等人的家庭来代行职责，让孩子有一种归属感。

（10）帮助孩子找到大哥哥或大姐姐做导师。这样孩子进入青春期的时候就会有积极正面的人去影响他。孩子应有一两个他认可的长辈，引导他做选择。

单亲父母并不意味着你不能拥有完整、快乐的生活。只要你愿意用全新的心态面对生活，用全新的眼光看待世界，你就能活出幸福的人生。

现在，组合家庭越来越多，继父继母也越来越多。组合家庭需要面对的问题是，如何既让孩子与亲生父母保持连接，也让他们接受继父继母。父母要牢记，虽然你们都很关爱孩子，但你们要学会彼此尊重与合作，不要在孩子面前批评另一方。你们越和睦，孩子就越能健康成长。

所以为了孩子，请把尊重对方的言语和行为放在第一位。同时，也要有实际的期待。继父继母永远不可能像亲生父母那样与孩子亲近，而且你们也需要一段比较长的时间来彼此磨合、适应。给自己足够的时间和耐心，一定会建立起良好的关系和连接。

佩蓉的心灵工坊

1. 本章讲的是非传统婚姻模式。如果你属于其中一种，请从相关建议中选择一点进行规划。

2. 如果你属于传统婚姻模式，我也建议你考虑周围有需要的人，帮助他们的孩子体验健康、完整的家庭模式。

为千有话说

我在第四章分享过健康婚姻需要保持亲密关系——夫妻形成情感深厚、彼此满足的连接。就像天气变冷我们不多穿衣服就会生病一样，夫妻疏于情感连接，婚姻也将以失败告终。

我在微软担任高管时周围都是年轻漂亮的女士。她们要么是同事，要么是商业伙伴，所以我有很多调情和接近她们的机会。其实我在婚姻中也有一段很艰难的时期，当时非常渴望得到异性的称赞和关注。若不是要忠于家庭、信守婚姻誓言，我也很容易陷入婚外情，但我还是希望回家时能坦然面对妻子和孩子。虽然有时也备受挑战，但我还是信守了诺言。

在我们辅导过的夫妻中，无论是丈夫还是妻子出轨，我们总是发现他们缺乏亲密关系。实际上，许多夫妻已经"离婚"了，尽管他们可能还住在一起，或者干脆就在不同的城市工作生活。为什么他们会卷入和其他人之间的关系呢？通常是为了寻求满足。男人出轨可能是寻求肯定、尊重和情感安慰，女人出轨则是寻求关爱、关注和感情。说到底，我们都希望别人需要我们、关爱我们。

我和佩蓉在辅导中会帮他们进行沟通、重建关系，努力挽救他们

第 9 关 婚姻脱轨：婚姻脱离传统轨道怎么办

的婚姻。对那些已经离婚的，我们帮他们发现自身问题，从中吸取教训，这样下一次就可以拥有幸福婚姻了。我们作为人，生来自私，喜欢怪罪别人，都是灵魂破碎和贫穷的人。然而，我们可以寻求帮助，承认错误，改变自己。我和佩蓉曾分居 3 个月，随后接受了 3 年的婚姻辅导，这期间我反复经历了这样的过程。

当然，我并不是说如果你婚姻不幸或配偶不忠，你就不是个好人或很失败。如果你不愿建立亲密关系、不想携手变老，那就不要惊讶第三者插足。没有亲密关系，夫妻间就会产生真空，配偶自然会去寻求填补。请不要怪罪任何人，因为婚姻本就很难经营。爱情不仅仅是种感觉，任何美好的婚姻都要经受一次又一次的考验。唯有真爱才能将幸福照进现实，持久散发光辉。

现在问问自己，如果亲密度可分为 1~10 分，你和配偶能得几分？如果你觉得正处于危机中，你可能猜对了，是时候采取行动了！

第 10 关

使命宣言
让婚姻生活不再气喘吁吁

打造有使命感的家庭团队

这是本书的最后一章也是最重要的一章,希望我们的婚姻都能改变世界而不是被世界压得喘不过气来。如果我们想从面对面隐藏自己变成肩并肩面对世界,就离不开一起培养使命感。我在《人生休止符》和《佩蓉的妈妈经2》里都谈到了如何写出使命宣言。

团队就像拼图一样。每一块卡片都有不同的形状,放对位置会让图片很漂亮,放错位置则看起来很奇怪。团队也像身体的不同部分,不能全是手却没有脚,也不能脸上全部是眼睛却没有鼻子。每个人都要知道自己的专长、位置和角色,也要知道其他队员的专长、位置和角色,这样整体操作时才能超过各自为战的效率。每个人都有自己的特征、沟通模式和做事风格。有些人需要大量信息才能思考,有些人需要跟别人互动才能思考。任何一种性格没有绝对的对或错，好还是不好。每个人都独一无二，都能为团队做出独特的贡献。

我想到了当年在洛杉矶时看篮球比赛。有些篮球队完全依赖一个明星球员，但当那个明星球员受伤了，这个球队就打不赢比赛。因为球队都靠这个明星球员，他拿的薪水最高，享受特殊待遇，所以他对待队友也很傲慢。但有些球队却不这样，教练把重点放在传球技巧和球员阵形。要是有球员不能上场就随时调整策略，根据对手的特点来进攻，从而赢得比赛。

就像球队一样，有些家庭全依靠一个"明星球员"，然后大家都要听他的，讨好他。其他人的意见都不重要，说话也没分量。虽然这个明星球员最能干，但他会累的，一倒下去一家人就会不知所措。而有些家庭就比较会分工合作，每个人都参与进来。要是你的风格比较独裁，那就不需要研究团队的建立与磨合了。要是你希望每个家庭成员都上场，那就需要研究家人的性格。不了解每个球员的特点就无法发挥其潜力。

夫妻是永远的团队，也是最亲密的团队。即使一对夫妻离婚了，他们也需要继续合作来养育孩子，这样孩子才能健康地成长。要是这个团队整天处在矛盾之中，家里就会充满负能量，消耗大家精力，降低效率；要是夫妻间知道如何取长补短、沟通、协调、妥协及理智地解决冲突，这个团队就会产生正能量。团队的效率倍增，亲朋好友都将受益。

《佩蓉的妈妈经1》里有一篇文章讲水桶式人生和水管式人生，对比了利己主义者和利他主义者，探究我们究竟要培养什么样的孩子。我们也可以思考自己的家庭是利己主义的还是利他主义的。我认识的最有爱心、最激励人和最吸引人的家庭都是有使命感、一家人一起活出水管式人生的家庭。相反，当人们把自家幸福当成唯一目标时，就会发现家里的成员也都会比较自我和骄傲，因为他们只关注自己。

不求回报就没有伤害

在此，想分享一些我们夫妇带领全家怀着使命感服务社会的经历。相信看了这些以后，你会觉得自己也能像我们一样从小事做起。当你们到了我们这个年龄时，就会发现自己成就了那么多有意义的事！

怎样一起服务社会呢？

1. 我跟为千都深信授之以鱼不如授之以渔。我们喜欢装备和训练别人，而不是光给钱。

2. 无论是养育孩子、管理员工，还是担任导师，我们都希望以做榜样来影响他人，唯有这样才能满足马斯洛需求金字塔中级和高级阶段的需要。

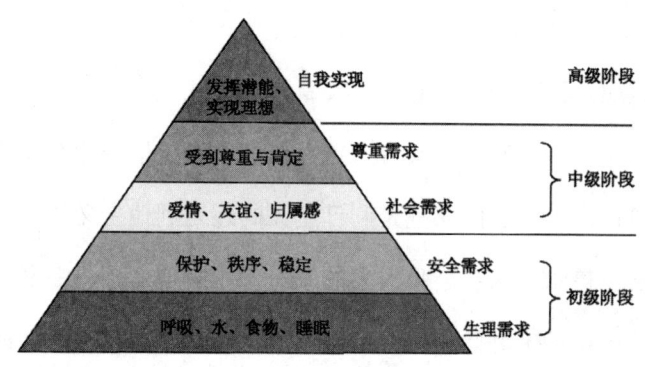

《马斯洛需求层次理论示意图》　来源于网络

我们在2004年去甘肃支教时曾通过"千乡万才"计划一对一资助了一名叫叶文的学生。下图中的左边是我们跟叶文的合影，右边是一次在西安举办讲座时叶文跟我在台上分享社会服务的经历，当时他是坐过夜的火车从甘肃赶过去的。要是我们当年只是救济叶文，仅仅寄点钱和礼物就可以了。这样既觉得自己是很好的人，叶文也会感激我们，但以后他可能一直会向我们开口求助。大家可能也听过有些接受赞助的孩子在大学毕业后却不懂得感恩。赞助者非常生气，甚至去跟学生打官司要学生还学费。

当我们怀着交易的心去帮助别人，迟早会失望，因为没有人是完美的，每个人都会让我们失望。我们只有先被爱填满，才能溢出爱来，然后浇灌配偶和孩子，最后是周围的人。无论是对小区保安、学校老师，还是山区孩子，我们付出爱和分享快乐时都不带条件。虽然表面行动都一样，但意义完全不同，因此结果也完全不同。

我们跟叶文也从救济者与被救济者的角色变成了亲人和朋友。他对自己的定位也从弱者变成了有能力帮助别人的强者，认识到能力不是用来欺压比我们弱的人，而是去帮助他们，因为能力越大责任越大。我们想要给叶文的不是金钱而是尊严和希望。

3. 我们从叶文的案例也能看到另一个重要原则——改变是漫长的，不是一次性的。我们总是很贪心，高估能在一年内完成的事，却低估了坚持3年才能完成的事。对我们家来讲，一年800多元的学费其实是很小的数字。我们当初可以选择赞助10个孩子，但知道没有时间和精力持续接触和影响他们，所以就把钱投在了其他慈善项目上，然后在学费方面就专心地影响一个学生、一个家庭。因此，建议你们设立服务目标时不要贪心，不要想一次就投入大笔钱或时间，而是从小事开始，坚持下来就能成为伟大的工程。

我们中国人喜欢宏大叙事，但很少有人愿意坚持做一件小事。自从2003年回到国内，我们一直坚持低调做小事，维持少数关系。我的那么多本书也都是每个月坚持写2000字后出版的。刚开始的时候，周围人都会笑我傻，为什么不利用我的学历和名气多做一些规模大一点、利益多一点、人气火热一点的事？为什么不多用一些炒作的手段让书更畅销一点，让自己更出名一点？但事实证明，坚持做小事与轰轰烈烈做大事然后消失，前者的效果要远远好过后者，所以千万不要小看小目标和小事。当你坚持10年，这件小事就成为伟大的事。

4. 一个人走不远，一家人才能走得远。同样，一个家庭走不远，几个家庭才能走得远。记得我们还没孩子的时候就开始在洛杉矶帮助一个乞讨家庭。这对黑人夫妇生了4个孩子，小婴儿已经没有尿布，全家也没钱吃饭了。我们去汽车旅馆看他们的时候很可怜那些孩子，就很想帮助这个家庭。我们给了他们50美金去买尿布还有那一周的食物。没想到隔天我们跟朋友吃饭时又看见这位父亲在附近的超市乞讨。

我们过去问他那50美元怎么这么快就用完了，发现他们因为饿了好久不知道下一顿饭从哪里来，于是有了50美元就马上去吃了一顿牛排，把一整个礼拜的费用全部花掉了。我们明白了为什么这个家庭会沦落到如此地步——缺乏生活技能。所以我们跟其他两对夫妇约定帮助这个家庭，使他们能够独立生活。有一对夫妇帮他们买了一部很旧的车，另外一对夫妇帮这个丈夫找到了工作，我们夫妇帮他们租了公寓，为千还帮这个丈夫学会管理钱。要是当初3个家庭单独帮助这对黑人夫妇，我们都会累倒。一年后，他们不仅能够独立生活了，还成了我们的朋友。

现在我的大儿子凯文也在跟朋友一起帮助流浪汉。让我觉得超级有意思的是，那个帮黑人夫妇买车的朋友对无家可归的流浪汉产生了巨大兴趣。他们创建了一家房地产开发公司，在洛杉矶市中心没人愿去的流浪汉街头开发了一栋高档公寓，也顺便开发了周围的超市和商店。因为这个地点离附近的写字楼很近，房价涨得很厉害，所有公寓很快以高价卖光了。但我这位朋友开发公寓的时候却留出 1/4 给流浪汉家庭，让他们有接受人生辅导和重新开始的机会。因为帮助他人，这个项目也让他成为亿万富翁。

所以不要让服务成为一件需要离开家人才能做的事，而是成为一件你跟孩子们一起做的事。要是配偶目前没时间陪你一起去，你可以跟别的夫妻结伴带着孩子去活出水管式的生活。你会发现帮助别人的孩子会让你更懂得感恩，更体谅家人，更有责任感，更谦卑，也感觉人生更有意义。

其实骄傲和自卑是建立在自我上面的两个面孔。谦卑是一种健康的忘我，服务他人是培养谦卑的方式。

5. 我们相信人人平等，不分尊卑。只要我们有一颗谦卑、乐意向别人学习的心，有反思的习惯，就会有所成长。接受帮助的对象不是因为从我们身上白白得到益处，所以就应该感激我们、低我们一等。

服务他人最大的受益者是我们，不是别人，我们在服务他人的过程中得到成长。就像上面这个案例，到最后谁最受益？虽然这个黑人家庭得到了帮助，但我觉得最受益的其实是我们这 3 个家庭。

这些方式和心态都要我们先学习和培养，才能感染孩子，然后往外扩展。很多家长急于让孩子学习，自己却无法以身作则，反而让孩子反感，感觉很虚伪，因而拒绝跟家长一起服务别人。在这方面，我的原则也是先填满了自己孩子的油箱才能去添满别人的油箱。我在《佩蓉教孩子学礼仪》里也提出类似建议，那就是在客人来家里做客以前，先让孩子把不愿意分享的东西收好，放在别人看不到的地方，然后再让孩子选择愿意分享的东西。孩子感觉到我们优先考虑他，也会好好保护他，就比较乐意分享。要是等客人来了就强迫孩子分享，他以后就会越来越不愿意分享。同样，我们不能着急说教，而是要耐心等孩子有了足够的安全感后，再带他跟我们去服务他人。孩子的速度比较慢，我们不能一下子做社会服务太久或太多，因此服务目标要符合孩子的年龄段。

6. 人格健全的利他主义者才有信心和安全感来让自己越来越渺小，让孩子、手下的员工、服务对象越来越强大。要是原生家庭在我们成长过程中给我们留下了一些阴影或没有治愈的伤害，我们就需要养育内心里的那个"孩子"，也需要治愈那些伤痛。

我们不愿意任何人对我们产生依赖，而愿意成为别人成长和成功的跳板。我们曾接受别人的帮助，治愈了童年的一些伤痛，走出了思维限制，学会尊重和善待自己。希望你能把督导团队当成这样的"第二家庭"，当成你健康成长和改变的基地。这个过程很漫长，希望大家不要着急，继续结伴走下去。

所以，你在讨论如何服务他人时千万不要有压力。你有足够能力了就会很自然地去寻找服务他人的道路。千万不要勉强，也不能勉

第 10 关 使命宣言：让婚姻生活不再气喘吁吁

强，不然你很快就会陷入怨恨和自怜，杯子很快就倒空了。你要从服务家人、邻居、同事、孩子的老师、其他家长和社区开始，从一个人开始，这样才不会耗尽自己的时间和精力。

7. 我们中国人的文化讲究"人情债"，但我希望大家能够讲究"爱的债"。人情债出于回报别人，里面有交易的成分，也会成为一种道德绑架。爱的债则出于感恩，是无条件的付出，使我们得到真正的心灵自由。给予不是为了获得回报，而是因为我们曾是受益者，愿意把自己接收到的益处无偿地传递下去。要是我们能把自己从各种不实际的期待中解放出来，无条件地服务他人，就能真正享受服务的乐趣。

我母亲有个习惯，每次去酒店一定会在床上留大笔现金，也会给餐馆服务生很多小费。我们姐妹第一次看见时就问她为什么出门要准备这么多现金，为什么不按照酒店和餐厅的建议刷卡留小费？她说我们都有过苦日子，生意失败时被人看不起。对于辛苦劳动的人，雪中送炭的意义深远，而且这种现金不是用来救济而是肯定他们的工作。现在我们三姐妹也都在延续这个习惯，每次去酒店要是没有准备一些现金做小费会觉得不对劲。

我们的弱点往往能为他人带去益处，成为建立真正连接的钥匙。我母亲曾经历过丈夫生意失败的痛苦，所以她很能体谅那些过苦日子的人，更能珍惜我们重新拥有的财富。只有培养了感恩的习惯，以感恩的眼光和心态看待生活，我们对他人的服务才会是无条件的，而不是充满"期待"的救济和交易。

让自己家也受益于利他主义

希望大家看了以上案例后能明白,服务别人不是一个需要打钩的事务清单,而是一种水管式的生活方式。就像肌肉一样,我们要从小的重量练起才不会受伤或灰心放弃,然后渐渐提高重量。我们服务他人的能力也会随着锻炼而越来越强大。

2018 年老二凯恩跟为千举办了一个有关提升年轻人工作效率的讲座。他分享说自己的座右铭是 "How can I help"(意思是 "我该如何帮忙"),并说这是他在销售医疗仪器时用来拓展人际关系网的秘诀。凯恩比较羞涩,我在《佩蓉教孩子学礼仪》中讲过给他的建议,就是当他在别人面前想不出说什么时可以观察对方的需要,然后以服务来化解尴尬。没想到这个高智商低情商的孩子竟然在大学里迅速提升了情商,获得生物材料和商业管理双学位后决定进入销售行业,整天跟人打交道。

这句话帮他成为了校园里最受欢迎的人。现在他也因为诚恳服务客户而得到公司重用。2019 年,公司总裁和好几个高管都发邮件对他说,到处听见客户和同事对他给予超高评价——他不仅工作效率高,也特别乐意帮助周围的人。凯恩说,很多同辈朋友在公司接受培训后才开始留心建立人际关系,而他在进入公司前就养成了这个习惯,所以只要他观察到别人有需要就会很自然地去帮忙。我和为千既惊讶又欣慰——用来应对羞涩的策略反而成为了发展事业的优势。

第 10 关 使命宣言：让婚姻生活不再气喘吁吁

老大凯文无论在工作上还是在各个朋友圈子里都扮演领导者角色。老三凯安一到大学报到就很受欢迎，他经常在宿舍里做饭招待同学。

你想让自己的孩子也受益于利他主义吗？

很多人肯定会问该从哪里开始做。不要忘记，服务他人的机会无处不在，所以没必要强求，一定要找到符合自己性格、个人使命及家庭使命的事情，以自己的风格去做。我们可以从身边有需要的亲朋好友开始，比如周围的新手父母、同事、邻居，以及小区里的保安叔叔、保洁阿姨。

不久以前，我们夫妇去另一个城市参加会议。在回来的航班上，我们旁边坐着一个带孩子回娘家看望父母的新手妈妈。当时我们3个人加上她怀里的孩子都挤在经济舱座位里。但我们发现她做了充分准备——飞机起飞和降落时，通过给孩子喂奶来平衡孩子耳朵鼓膜所承受的压力。她以为孩子会像以前那样喝了奶就睡，没想到孩子很兴奋，不但没有睡，反而精力充沛，东张西望寻找新鲜事物玩。在空中的四个半小时，每当孩子哭闹的时候，她就很苦恼，一直对我们说抱歉。我们就开始跟她聊天并且跟孩子玩，把孩子抱过来让她休息一下。

我们也跟她分享了养育3个儿子的经验，然后猜测孩子不睡觉可能是因为他在长牙。结果这位妈妈一摸孩子的牙床，孩子果然在冒牙。对一位妈妈来说，自己带孩子外出，身边没有丈夫帮助，如果孩子打扰了旁边的旅客，那可真是够难堪的。这时我们可以从过来人的角度去帮助和安慰她。这就是服务别人了。

我们在北京时，我是小区业委会的会员，每到中秋节就会请小区里的保安和保洁人员来家里吃一顿，送他们月饼，平时在小区里遇见也会感谢他们。这也是服务别人。

要是孩子同学的父母因为加班不能准时接他们，我在接孩子的时候也会带上他们，甚至留他们在家吃饭。我们的两个孩子在高中时常带一大群朋友回家吃点心，把我们的客厅和冰箱当成了自己家的客厅和冰箱。这样我们也知道了他们会聊什么、对什么感兴趣。这不仅是帮助别人也是帮助自己，拉近了自己跟青少年的距离。这也是社会服务。你发现了吗，只要我们有帮助别人的眼睛，到处都是机会。

建立社会公益服务目标需要符合孩子的年龄段。我们在孩子们6岁以前会带他们去孤儿院跟那里的孩子一起玩，会准备一些三明治到街上送给乞讨的人，会带他们去书店买绘本送给我们帮助的小朋友，还会准备圣诞礼物送给不能与爸爸妈妈一起过节的孩子。从孩子两岁以后我们就开始了这类活动，把它当成日常生活的一部分。

孩子上小学的时候，为千还是少儿足球队的教练。我们经常会邀请球队里的一些孩子来家里吃饭，让孩子们一起玩。其中一个单亲妈妈经常带孩子来我们家玩，我们甚至在家里为这位妈妈和她的儿子庆祝生日。也有一对同性恋，她们为了让领养的儿子多接触男人而给他报名了足球队，但当时却有很多家庭排斥她们，于是我们就发出了邀请。还有一群青少年因为违法而被判罚做社区服务。我们当时在做青少年辅导，就邀请这些孩子们来家里玩。其实服务他人的机会无处不在，只要我们有服务的眼睛和心态，到处都有帮助别人的机会。

到了北京以后，孩子们会去农民工子弟学校教英语，去孤儿院教音乐，去福利院看望老人。中国的慈善机构和服务机会都很多，所以只要我们问一问朋友，就能找到做志愿者的机会。我们在街上看见乞讨的人，也会买东西给他们吃。我们有固定合作伙伴，每年会做一些慈善奉献，包括捐赠孤儿院、支付弃婴的医疗费用等。我们也参与过送图书活动，把书聚集起来送给山区的孩子们。还有赞助像叶文这样需要学费的学生。我们的方式就是，一旦找到了合适的机会就长期去做，对其他零碎的机会说不，同时每年也会调整计划。

现在，这种服务他人的生活方式已经成为了我们的家庭文化。我们的两个成年的孩子在他们定居的城市找到了固定的服务机会、对象、合作伙伴和机构。我们全家也会举办周末聚会，分享婚姻和亲子关系方面的经验。

现在，最受益于这种生活方式的是我们夫妇。很多空巢夫妇发现他们的婚姻几乎要破裂，因为他们之前一直围着孩子转。但我们却对空巢生活充满期待，因为我们不仅能够继续帮助别人，而且我们的孩子也在利用假期陪伴我们一起服务世界。我们都很向往这种有意义的度假方式，也很享受这种家庭时光。我们发现利己主义家庭的世界越来越窄，但利他主义家庭的世界却越来越宽广。

但愿我们都能在空巢季节发现，改变自己会带来婚姻的改变和家庭的转变，然后世界竟然也因我们的改变而改变了。所以，千万不要低估结婚成家这件事，觉得在家庭外面做的事业才是正经事。其实，最能改变世界的事情就是你眼前那些不起眼的小事、那些家里的事。

有句话说，一粒麦子如果不落在地里死了（融入土地中），就仍是一粒，如果死了，就会结出许多麦粒来。我年轻的时候总是想做些轰轰烈烈的事来改变世界，但从来没有想过这种"死去"（融入家庭、服务社会）会让我的人生如此丰盈。我也从来没有想过我在婚姻和家庭里的牺牲能把我推向影响这个世界的舞台。你们愿意接受挑战，从回家开始，活出你们家庭的使命吗？

佩蓉的心灵工坊

1. 从一件小事做起，帮助周围的人。

2. 评估一下你们的时间、财富、天赋与人脉，哪些可以用来服务周围有需要的亲朋好友？

第10关 使命宣言：让婚姻生活不再气喘吁吁

为千有话说

我小时候非常爱看《虎胆妙算》(Mission: Impossible)这部电视剧。剧中人物各怀绝技，组团拯救世界。虽然现实生活不像电视剧那样场景宏大，但要是把家庭想象成一支专家团队，大家聚集在一起去实现那个只有我们才能实现的更高目标，那也挺酷啊！

我们很早就开始这样做了。孩子们很小的时候就跟我们去过两次墨西哥，探访孤儿院，服务穷人。我们和朋友租来一辆大货车，从洛杉矶出发，驱车三四个小时抵达。孩子们和当地小孩玩得很开心，他们观察大人怎样通过做饭和修理杂物来服务穷人。我很高兴能帮他们修理自行车，这样孤儿院的孩子们就有车可骑了。我们几个家庭为他们做饭，还一起做游戏。

搬到北京后，我们继续过着这种服务他人的生活，连续3年五一假期去甘肃的一个小村庄给当地孩子上英语课。我们自掏路费，自备课程，也让老大老二备课，给小朋友们上课。这是早上的安排，下午我们会和这些学生出去玩，进一步了解和关心他们。这比单纯传授知识、教导新技能更宝贵，表明有人关心他们、对他们有信心。

当时 10 岁的老二凯恩注意到班上有位小男孩很难看清黑板上的字，就带他去测视力。果然那位小男孩患有近视，需要戴眼镜才能看清东西，然后凯恩就用自己的零花钱给他配了一副眼镜。是我们让凯恩去和那位小男孩交朋友吗？是我们让他花钱给小男孩配眼镜了吗？都不是！我们是事后才了解到的。凯恩知道施比受更幸福。凯恩的确生性善良，但他也成长在一个重视服务他人的家里。我们家常办聚会，3 个孩子不仅喜欢分享玩具，也帮忙照看小一点的孩子，客人走后还会和我们一起打扫卫生。

每个家庭成员都有其个性和才华。好的团队里有外向的人也有内向的人，有以任务为导向的也有以人为本的，有动作快的也有动作慢的，有思考型的也有情感型的。我们让孩子学各种乐器，这样家里就可以组织乐队了。我们很享受一起练习、一起创作美妙音乐的过程。有人说我们林家乐队很激励大家，其实我们不过是先确定需求然后找办法解决，这并不是很难。但如果你只考虑自己的利益，总想着从别人那里得到什么以获取成功，那就很难了。

我们很早就教育孩子，成功不是打败班上成绩最好的人，也不是成为亲戚中赚钱最多的人。成功是用你的能力和才华让世界变得更美好。成功是服务他人，创造价值。如果人人都做正确的事，世界将变成美好的人间。重要的是你想传递给孩子什么样的价值观，你想让他们关心什么。如果孩子的教育和成绩成了家庭生活的焦点，恐怕我们就是在培养一个精致的利己主义者。这样的孩子不会感恩，也不知道如何与人相处。许多家长都很遗憾自己走到这一步——他们虽然把孩子送进了名校，孩子却不再关心与父母的关系。很多孩子也苛责家长，怨恨他们的培养方式。你总是给他们灌输只要成绩好就够了，那么你还能指望得到什么呢？我们究竟要为这个世界培养什么样的人呢？俗话说得好，种瓜得瓜，种豆得豆。

我们刚把小儿子送进大学。他想成为一名艺术家。像大多数父母一样，我们也有些担心他毕业后能否谋生。迎新生时校长开玩笑说，学校保证会好好培养学生，让他们可以靠艺术谋生。我们相信凯安在艺术上有其使命，就像日光下的每个人都可以带着使命工作，都可以为社会做出贡献。我和佩蓉一直在期待这个崭新的人生季节。很多朋友认为空巢和退休是两大可怕的事情，一些人甚至陷入了抑郁中，但我们却感到很兴奋，因为又可以出发冒险20来年，一起追寻梦想！

我们喜欢一起进行辅导和培训，也很擅长这方面的工作，于是成立了公司，要在各个生活领域培养"新领袖"。我们与初创公司和团队合作，以提高效率和生产力。我们会以文章和工作坊的形式督导夫妻和家庭，还会花时间与年轻家庭一起生活，向他们展示如何带着使命生活，并提高他们的育儿能力。我们喜欢这种新生活。我们很感恩能够养育出3个优秀的孩子，并积累了许多可分享的经验教训。

亲爱的朋友，在本书即将完成之际，我想邀请你来重新审视婚姻，思考自己究竟想培养什么样的孩子、建造怎样的家庭？我们提供了另一条道路，让孩子不再随千军万马过独木桥，不再徒劳地追求成绩，不再被焦虑压垮，不再永远觉得自己不如别人。我们希望你能看到，其实还有更好的生活方式，你可以爱你所爱，享受情感连接，你可以每天都活得欢乐、满足、充满使命感。朋友们，让我们放下包袱，深呼吸，开启崭新的一天吧！

附录一

战胜中国人的"救世主情怀"

我曾在《佩蓉的妈妈经2》中谈到过战胜中国妈妈的"救世主情结",这一点在夫妻经营婚姻中也非常适用。在此特别附上本篇,愿读者可以在婚姻的道路上避开这个陷阱,自由欢喜地前行。

很多年前我跟一个老姐妹聊天,说看到中国那么大、那么迫切的需要就恨不得快点去帮助大家。之后她却警告了我:"中国人几千年来留下了浓厚的救世主情怀,你千万要小心,不要掉入这个坑里。"我当时觉得这个老姐妹怎么这么没意思,说这种泼冷水的话,以为她这个农村阿姨可能教育水平不够,不知道我这个麻省理工毕业生的能力。

后来我发现自己彻彻底底错了。

来国内10年后,我们夫妇筋疲力尽地离开了。4年后再回国内时,我看到当年培养起来的一些人也在挤尽自己的每一滴血汗服务别人。现在,我从旁观者的角度清楚地看到,后面的人也在跟随我们走上救世主情怀这条诱人的道路。一个年轻有为的人问我,为什么他内心总是自责做得不够多不够好?还有,为什么明明知道自己应该爱人如己，却对同事和配偶那么没耐心更没爱心？他要如何改进才能快快成长起来？

我跟他说，你需要的不是快快成长或做得更多更好，而是好好享受星期天。爱人如己的前提是要先学会爱自己，自己体会到爱了才有能力去爱别人。如果牺牲自己去爱别人，那种爱只能给别人感动的眼泪和负担，而不是感染人的欢乐。我们的家里不是也有很多愁眉苦脸、满身疲惫、为家人舍己的"伟大母亲"吗？我们可以让别人感动流泪，但自己却找不到欢乐。

中国一直是"以人为本"的人情社会。几千年改朝换代的历史证明，我们一直在寻找一个人来拯救民族，但迟早又会对那个人失望，然后愤怒地推翻他的王朝，再盼望出现另一个人，继续对那个不完美的人寄予厚望然后失望，就这样一直不断地循环。

∽∞⌒∞

在一次新书发布会上，一个农村的姐妹来找我，问我能为中国农村的孩子们做些什么，他们真的是太可怜了。如果是10多年前的我，肯定马上就着手帮助他们了。但是我现在每年只能回国一次，还能做些什么呢？我在回家的路上一直想着这件事。然后心里有一个声音问我：谁是救世主？我马上意识到自己又想"拯救世界"了。回到家后，我把下面这个信息发给了她：

这些年我一直在跟咱中国人的"救世主情怀"摔跤。中国五千年的历史中，人们一直期待某个人能拯救中国，也有太多人认为自己能救中国，但历史证明，要是你盼望别人来拯救你（或者是你，或者是我，或者是下一个能力很强的人），而自己不努力，你根本不可能成功。农村的需要有时就是一个无底洞，你补了一个洞，之后身边的利己主义者会利用你的仁慈再多挖三个洞给你补。你要拯救他们，先要认清谁能拯救他们（我的意思是，被帮助的人需要更新观念，做出努力与改变），不然你只会不断地经历"从天上一下子掉到地上，感到很遗憾"，因为你的盼望是建立在沙土一般的人身上，而不是风吹雨打都毁坏不了的磐石上。

⊱⊰

这些年为千总是开玩笑说我会牺牲睡眠，一大早起来给孩子们做早餐，却不为他准备早餐。他更多的是吃剩下的材料拼凑出的食物。他早就不期待我会为他做早餐了，所以一直自己照顾自己。今天早上我问他早餐想要吃什么，他很惊讶地说："不用了，我自己来吧。"看来"救世主情怀"让我牺牲了最好的朋友——丈夫，而不是别人，但我却一直没看到。

为千下楼来到厨房的时候，烤箱里已经有一盘热乎乎的糖炒栗子在等候他了（在北京时这是他冬天最喜欢吃的食物）。他满脸惊喜，把整整一盘我从北京扛回家的糖炒栗子吃个精光。

这一次我战胜了自己的"救世主情怀"，不再去"拯救世界"，而是用欢乐的心为我最爱的人烤了一盘糖炒栗子。

为糖炒栗子而惊喜的为千

附录二

我为什么要结束在微软的高管生涯

我在微软的最后一天恰巧是圣诞夜的前几天。决定走这一步之前，我经过了好几个月的深思熟虑。说实话，我热爱这份工作，也热爱一起共事的每一个人。在正常人看来，除非是为了更高的薪水和职位，否则谁会离开高薪工作和研发人工智能产品的机会呢？但是，我却决定要走另一条路。我和同事们讲，我想让自己从全职工作状态转换到"组合工作"模式[1]，我要把自己的工作时间平均分成3份，分别用于科技工作、人生教练/导师，还有非营利工作。

从收入有保障、工作有面子、在世界最顶尖公司工作等好处中走出来，可不是一件容易的事。像大部分人一样，我也会用工作和公司来标榜自己的身份。我在介绍自己的时候往往会以"我在微软搞人工智能"为荣誉勋章，这样我会觉得很有面子。可现在我不但要凭信心迈出一步，而且要迈出一大步。

2018年为了庆祝结婚30周年，我和佩蓉开创了一项培养领导力的工作。我们的婚姻并不总是一帆风顺，能一起讲课和工作可真是个

---

[1] 参见查尔斯·汉迪的"组合工作"管理思想，网址是 http://www.12reads.cn/33261.html。

不小的奇迹。2018年我们成为7对夫妇的人生导师并3次远赴迪拜授课。我们即将迎来空巢期，也要开始梦想的未来生活了。坦白讲，我想得更多的是怎样退居二线，让佩蓉承担养家的担子，由她负责把培根带回家，我只买点面包就好了，嘻嘻。

"如果我毫无惧怕，如果我不可能失败，我将尝试做些什么呢？"我问自己，甚至还创建了一本"梦想生活"笔记本，开始勾画蓝图。我列出自己的技能、渴望，以及想去的地方。我想要过极简生活，专注于建造关系，并做一些能改变世界的事。我知道自己热爱科技，所以不想完全切断与科技的联系。我开始着迷于房车生活，想象着在公路上过"数码游牧民族"的生活。我还考虑过到一个离家很远很远的难民营中去。我知道自己无法在西雅图这个雨城中继续安逸地生活下去了。

所以，我们在2018年"换挡加速"了，研究和权衡了哪些事情可以去做，哪些想法可以成真。接下来就是时间问题了。不可否认，我拖了后腿——我最初的想法是当年10月份离职，然后变成11月，最终定在12月。当然，我可以说这是因为老板想要挽留我，但实际上我自己也在与恐惧和疑虑作斗争。你也许会问，为何不先放一放，等到空巢期真正来临，或者有了现金流的保障之后再说？我也是这样想的！但当我离职之后，付费教练和咨询工作就这么来了，我们甚至都不需要动用自己的存款。这完全超过我们原来所期待的。我的信心实在太小了！

现在我们比以往更快乐、更充实。我正享受慢节奏的生活，也阅读了更多的书。啊哈，我是如此喜欢学习，能泛舟书海真是太让我高兴了！我不再为了赶赴下一场的约会而努力结束眼前的谈话了。我和朋友们也从研究一个项目中学到很多新技术。

我们正准备去亚洲授课。和我们以往用中文授课不一样，这次是全英文的。因为安排在2019年春节期间，所以比以往多了一天。我们将分享从"孤儿"到"儿女"的心路历程，这是令我们很感动的话题。

授课结束后我们将要去接收自己设计和装修的房车，这太让我们兴奋了！

我们给这个不足8平方米的四轮小房车起了个名字，叫作"好奇"。我们是在Netflix上看了电影《极简主义》（*Minimalism*）后想到的这个主意。我们迷上了这部纪录片，它讲述的是主人公为了追寻真正有意义的事而把凌乱的生活化繁为简。因此我们要把家里的一切东西都简化到只能放进房车里，这样才能在路上工作，或停留在我们需要停下的地方。我们计划精简物品，迁移到一个阳光更充沛的地方。目前美国很流行的"小房子"（tiny house）也在我们的考虑之中，但我们还不确定行程是否一帆风顺。无论如何，2019年夏天我们将驾着"好奇"上路，尝试一回房车生活。在北美范围内，只要是"好奇"能跑到的地方，都可能成为我们的目的地！

附录三

向往的生活

因为深受《极简主义》这部纪录片打动,我们走上了探索极简主义生活之路。我们探索了房车生活,研究如何脱离美国大企业的"金色手铐"[1]及如何在路上过一种"组合工作"的生活。

第一周,我们一直在路上疯狂地玩,今天终于有机会停下来反思这条全新的人生季节之路。下面是我总结的到目前为止我们的一些经历。

背景

《极简主义》这部电影让我们开始反思消费主义的生活方式怎样剥夺了我们的灵魂,也剥夺了我们人与人之间更深连接的需要,让物品取代了人情。现在的生活方式让我们利用他人来获得物质利益,而不是用物质资源使他人受益。

离开中国回到美国以后,我们重新安顿下来。为千开始忙于他在微软总部人工智能领域的工作,我则投入在老三凯安的学校生活,以

---

[1] 金色手铐是指公司每过几个月就会用奖金或股票诱惑员工留下来继续为公司工作。

及我们所住社区里的工作。我发现自己每周都会花费不少时间打理房子和美丽的花园。虽然我们的生活节奏会刻意放得比在中国时慢，但还是需要花费很多时间去管理房子。为千开始问自己："要是我不恐惧，我想要做什么？"我也开始问自己："要是不需要花时间打理房子和管理家中物品，我会如何使用这些多出来的时间？"

我跟为千的答案一样——投入更多的时间在人身上，减少在管理事物上的时间。

就在这时，北美开始疯狂地流行房车，因为这一代有太多年轻人买不起房产了。这些年北美的通货膨胀和贫富差距越来越大，没有家庭背景的年轻人根本无力拿普通工资购买北美东西海岸城市里的房子。再者，发达的网络使这一代工作者不再需要进入办公室工作，在家上网即可完成。因此，很多现代工作者选择远程上网工作，需要的时候跟同事视频开会。年轻一代的人开始了"数码游牧人"（digital nomad）的生活方式，一边开着房车在路上旅游一边上网工作。虽然大部分的数码游牧人都是还没结婚生子的青年人，但我们决定向他们学习，开始探索我们是否也能过他们那样的生活。最终，我们决定在空巢期开始后一边上路生活一边上网工作。

凭信心开始规划

我们两个人都很擅长规划，但是规划一件没有先例的事情则需要信心。

凯安选择了心仪的大学，我们得知他大学 4 年的学费总数后就把这笔钱准备好了。之后，我们就要为没有微软工资和福利的生活做准备了。这是需要凭借信心去规划的方面。为千凭着信心从微软辞职，然后很神奇的是各种顾问工作的邀请就纷至沓来。有邀请为千做企业管理顾问的，有邀请我做教育顾问的，有邀请我们一起做人生教练的，还有邀请我们做各种导师的。由于为千在凯安毕业前半年就凭着信心离开了微软，所以我们有 6 个月的时间用来安静思考。等到凯安高中毕业后，我们终于定下如何去过房车上的"组合工作"生活。

组合工作是什么

欧洲最伟大的管理思想大师查尔斯·汉迪（Charles Handy）在他的作品《组合工作》（*Portfolio Working*）中提出了"组合工作"的概念。其含义是指为一组或一批不同的雇主、一种工作、一家企业或任何最佳联合体工作。

为千的计划是把一部分时间继续花在 IT 领域；另一部分时间花在战略和架构方面，帮助有需要的非营利机构；还有一部分时间花在跟我一起做辅导、写作，以及讲座方面。我会继续开展网络督导课，以及线上讲座、写作等，与为千一起在婚姻、家庭和教育方面服务全球华人家庭。房车生活将会使我们行走得更为方便。

房车的设计和规划

虽然房车生活是为千的梦想，但我愿意凭着信心跟随他一起尝试。因此当他开始设计房车时我也参与进来，因为这也将会是我未来的家。

为千在思考如何简化生活的同时也考虑到了我对清洁的要求。我们也讨论了极简主义是指用最便宜和最简陋的材料，还是可以用质量比较好的装修材料呢？很多年轻人为了节省开销会住比较旧或廉价的房车。我们考虑的不是价格而是"简单"。

因此在设计新房车时，为千选择的都是市场里比较好的材料。比如，我们的饮用水来自当地自来水，但水在进入水箱前会经过过滤器。虽然这时水箱里的水已经能直饮了，但我们在厨房水池下面又加了一个净水器和热水器，让我们打开水龙头就能直接喝到冷水或热水。

既然以后要在房车里生活，为了提高成功入住的可能性，我们尽力把它设计得符合我们的生活方式。因此，我们在房车里装了全套的咖啡器具（为千的）和茶叶茶具（我的）。房车里的热水器也是为满足我们的冲饮需要而设计的。而普通房车是不会考虑这些设备的。水箱也是为了喝茶和淋浴而设计的，里面的水足够我们在不去营地接水的情况下使用3天。我的优酷频道是"蒋佩蓉76813"。为千在"接水"这个视频里展示了如何在营地中接水。

再者，因为我们对网络和用电的要求比较高，为千也设计和购买了网络信号加强器,还有两个大型锂电池,再加上房车顶上的太阳能电池,这些足够供应我们3天所需的电能。为千在"电的功能"这个视频里展示了我们如何在营地中接电。

这辆房车是为我们未来工作和生活而设计的,虽然花费不少,但比一栋房子便宜多了。

接下来就是内部空间的设计了。由于我们两人都会在房车里继续工作,所以需要两个独立分开的工作区域,好让我们都能够专心工作。另外,为千习惯站着面对屏幕,这对他的身体有好处,所以驾驶座被设计成能往后转,使他既能坐着面对可折叠升降的工作台工作,也能站着工作。工作台旁边还有一个地柜能放他的东西,这个地柜也被设计成我们的淋浴间。你会发现车上的每一个角落都会有多种用途,没有一个角落被浪费。

厨房一直是我们家的生活中心,在房车中也不例外。这次从固定的房子搬到移动的房车,我们花了两个月的时间把所有家具一件件卖掉。对于厨房食材,我也利用这两个月的时间尽量把所有食物都吃完,然后购买最小号的瓶子把食材装进房车的柜子里。因此,我们的房车生活中不缺柴米油盐,连为千喜欢的烧烤用具都准备了。

所有的工具都是可折叠的。晾干碗盘的盆子能折成一个平板,打开的时候套在折叠池子上面,洗碗以后可以很方便地把污水从池子中倒向野外,很适合小型野餐后及"boondock"时使用。稍后我会介绍"boondock"的概念。

我们购买的微波炉也有烤箱功能,可以加热食物也可以烘焙蛋糕。不论我们开车到了哪里,只要看到了让我们想驻足的美景就会停下来做饭,打开车门看着美景用餐。感兴趣的朋友可以去优酷网搜索"房车上的早餐"。

因为我们在路上也会工作,需要开会或举办讲座,所以我们设计了一个立体的衣柜可以悬挂正装。打开衣柜门,里面还有一个全身镜。

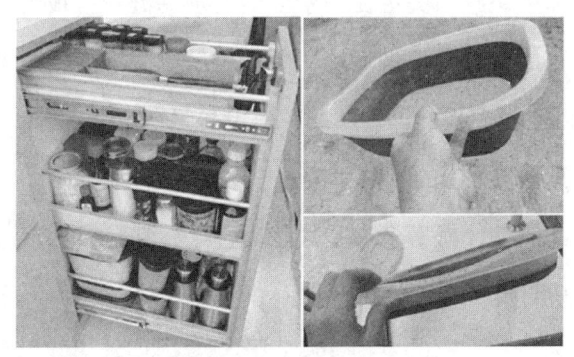

房车设计小细节

这次来加拿大班夫旅游,刚好让房车的各项功能派上用场。

费尔蒙露易丝湖城堡酒店(The Fairmont Chateau Lake Louise)是世界著名的五星级酒店,就在举世闻名的露易丝湖边。在这个酒店过夜,一晚要加币 400 元(人民币 2000 元)以上,再加上餐厅和各种活动门票的费用,来班夫旅游的费用会比较高。

相对来说,在房车营地住一晚(加币 75 元,人民币 390 元)就便宜多了。如果在营地的公共停车场过夜,费用会更低。再加上我们是自己做饭，食宿方面省下来的费用就可以用在其他开销上。我们把房车免费停在公共停车场过夜，白天换衣服也很方便。房车的空间虽然小，但是可以放下我们需要的所有衣服和物品。从爬山的运动衣和登山鞋，到划船的速干服和涉水鞋，到酒店里喝下午茶时穿的正装全都有。感觉好像我们的家在跟着我们到处走。

最后的设计挑战就是厕所和浴室。好在北美到处都有很好的公厕设备。关于沐浴，我们决定在一个全美连锁的健身房报名，以便我们在每个城市都能有健身房做运动，顺便也解决卫浴方面的需要。我们打算充分利用这些资源，而房车的卫浴设备只在"boondock"的时候使用，以节省我打扫卫生的时间和精力。

房车的其他设计就不多说了。总而言之，都是根据自己的需要和生活方式而精心设计的。

"Boondock"是什么

虽然很多时候我们无法预订到营地过夜，但我们也不需要营地供应水和电。北美有很多房车都会在路边或停车场里过夜，不接任何供水、供电或排水设备。这个过程叫作"boondocking"（免费露营）或"stealth camping"（隐形露营）。在开车途中我们经常会发现不少房车在免费露营。从外面来看，你不会知道里面有人居住，但要是你自己免费露营过，你就能认出那些也在这么做的房车。我们从西雅图出发的第一夜，开到了温哥华附近一个城市的野外。因为出发得太晚，来不及预订营地，我们就在路边免费露营。写这篇文章的时候，我们已经到班夫附近了。因为是旅游旺季，所有的营地都在一年前就订满了，所以我们就找了一个停车场，跟好多房车一起免费露营。

两次"演习"

很多朋友都觉得我们不可能长期在房车里生活。为了提高成功的可能性，我们在凯安高中毕业前的半年里提前"演习"了两次，每一次都在房车上住了7~10天。第一次"演习"是去洛杉矶验收房车后的那一周。我们在第一次的居住体验中发现了很多问题，大部分都跟房车本身有关，因此大部分的时间我们都在记录要修补哪些硬件方面的问题。

第一次在洛杉矶过房车生活时，我们约了一个好朋友来吃饭，发现她正处在人生低谷当中。以前我们只能在餐厅里简单地和她交流。这次，我们邀请她进到房车里，花了两个多小时一起谈心。后来她发短信告诉我们，那天帮助她走出了人生低谷，给了她期望。这对我们也是一个巨大的鼓励！因为这就是我们向往房车生活的主要原因。

第二次"演习"的时候，大部分的硬件问题都解决了，但却发现我们两人之间产生了很多的摩擦和冲突。我们毕竟是在短时间内从很宽敞的大空间压缩到了很狭窄的小空间，而且从两个人独自工作变成了24小时都在一起工作和生活。我们需要更多的磨合与适应时间。第二次的"演习"也让我们更多地思考要如何在空巢季节规划好时间和空间，降低摩擦，增加默契，享受在一起的时间。

经过两次"演习"，当我们最终上路时也就顺利很多了。当然，我们仍然在逐步适应的过程中。

房车 VS 房子

为什么我们没有计划住在一个固定的地方，拥有一个小房子或公寓，然后到处旅行呢？说不定以后会有这种可能！但我们现在的想法就是房车会使我们在去哪儿及停留多久方面拥有更多自由。

再者就是，我们是好几对夫妇的导师。这几对夫妇分别住在不同城市。2018年我们跟这几对夫妇尝试了同吃同住一周以上的深度辅导方式，这与之前有限的一对二的辅导方式有着巨大差异。我们能在至少一周的时间里观察他们夫妻生活中的各种细节，也能给予具体实用的建议。开着房车，我们就能更方便地去不同城市的家庭中做"导师访客"了！

我们这次出发上路时发生了一件很奇妙的事情。一个蒙特利尔的朋友跟我说，她有个好朋友住在班夫附近，想要介绍我们认识她，为她解答一些家庭方面的问题。本来我们在度假，没有办法安排见面时间，但为千临时要在周末飞到湾区参加董事会，而我需要找一个能停泊"好奇"的地方，所以就答应了去她朋友家。这次见面不但帮助我在大城市里顺利停留、洗晾衣服等，也让我有机会帮助了一个通常没有时间（机缘）帮助的陌生人。这也是房车生活的迷人之处。

《十分婚姻》的空巢实践版

2017年我开了一个线上婚姻辅导课程。这个课程的内容落实到文字上，就变成了你手中《十分婚姻》这本书。这一路，为千正在为每一章撰写他的那部分文字。很有趣的是，这种24小时的相处模式正好让我们深度体验和实践了书中分享的内容。希望《十分婚姻》能因我们的实际经历让更多夫妻受益，也让他们避免再走我们走过的弯路。

新的生活节奏

这次体会最深的就是，路上最让我们感触的风景不是环境，而是遇见的各种人。由于我们不再有时间的限制，所以每天都能有时间跟遇见的人深聊。例如：

1. 我们在酒店喝下午茶的时候遇见一位经理，于是我们就聊起了他最近学到的一些管理理念，以及他如何用在员工身上，并帮助他们实现职业发展目标等。

2. 我在排队等候上厕所的时候遇见了一位单身职业女性，她来自伦敦，在做金融顾问。她的加拿大老板说她太辛苦了，强烈要求她出来度假。这是一位 A 型游客。何为 A 型呢？我们曾经也是这种人——每项任务都要精益求精，每次爬山不仅要爬基本路程，更要挑战自己多爬一段大部分人都不会去的山路。当我跟她分享曾经精疲力竭的生活往事时，她的心灵敞开了，和我们产生了更深的共鸣。

3. 另一次排队等候公厕时我遇到了一位家庭主妇，我们谈起了自己的家人，深聊过程中我们也产生了意外的共鸣。

4. 在去冰川的旅游大巴里，我们遇见了一位得知自己患有阿兹海默症的女士，她正趁着自己记忆力还没完全退化而开着房车到处旅行。

我们的空巢季节才刚刚开始，一路上我们还会有更多想法和经历跟大家分享！

如欲了解更多与本书相关的课程,
以及更多佩蓉的信息,
请关注下面的微信公众号:

("十分婚姻"微课)

(蒋佩蓉微信公众号)

《佩蓉的妈妈经1：母亲自我成长必读胜经》
蒋佩蓉 著

曾入选2012年度"影响教师的100本书"
麻省理工前中国总面试官的全人成长胜经

作者犹如贴心的妈妈闺蜜，将如何智慧地处理与自己、与丈夫、与孩子、与他人的关系倾囊相授。深入探讨：自我情绪管理与自我顾惜；坚持正确的家庭次序，学习让婚姻充满激情，寻找夫妻共同的使命；塑造孩子的品格，建立家庭传统，学会放手；学习建立妈妈团队，避免单打独斗……她的理念、观察、实践和分享既有深度，又有很强的实操性。比如，高知女性做全职妈妈真的是一种资源浪费吗？兼职妈妈如何平衡家庭与事业的关系，全职妈妈怎样才能不与社会脱节？妈妈们如何自我提升和学习，又该学习些什么？妈妈们需要有自己的"妈妈团队"吗？诸如此类的问题，佩蓉在书里和读者进行了深入分享。

即使我们已经结婚30年，我仍然像热恋中的小伙子一样，深深地为这个女人着迷，深深地爱着她。她是我最好的朋友，也是一位伟大的母亲。

林为千

佩蓉的先生，微软人工智能解决方案首席产品经理

婚前被好友"咒诅"绝对超不过三年就得离婚，婚后三年不但没离婚反而陆续生养了三个阳光男孩，而且结婚近三十年，仍容颜不老、婚姻保鲜；由一个手忙脚乱的新手妈妈，成长为游刃有余的智慧母亲、丈夫依恋的幸福妻子；更由麻省理工的商界女杰变身为妈妈们的人生导师、生命教练……秘诀就在于"佩蓉的妈妈经"。

张庆棠

青橄榄书殿创始人，《货币战争》《妻子，荣耀的帮助者》出版策划人

《佩蓉的妈妈经2：妈妈商学院智慧妈妈11商》
蒋佩蓉 著

"我"商、思维商、使命商、财商、时间商、人脉商、婚商、育儿商、体商、家庭传统商和服务商
智慧妈妈11商，让天下没有难做的妈妈

世界不缺乏事业成功的妈妈，也不缺乏聪明伶俐、才华横溢的妈妈，但社会其实更需要有使命感、有真智慧的妈妈。她们将为人母视为最伟大的"职业"，可以不断自我突破和成长，可以辅助丈夫打理和带领家庭，进而一起服侍社会，影响甚至改变世界。

佩蓉就是如此智慧的妈妈导师，她将自己的亲身经历和多年的辅导经验总结成智慧的11堂课，鼓励妈妈们：先照顾好自己，才能祝福家庭；要有成长型思维，不惧失败，不断成长；找到自己和家庭的使命宣言，过有异象、有价值的人生；要做金钱的管家，做家庭理财高手；享受人生的不同季节，智慧地取舍；学习管理家庭的人脉关系，彼此建造；将婚姻关系放在第一位，又有平衡的智慧；有原则地教养和塑造孩子，和他们一起成长；规律运动，健康饮食，照顾好自己和家人的身体；建立家庭传统，传递家庭的历史和文化；和家庭一起服侍社会，活出有见证、有影响的活水式人生。

佩蓉老师是一位很有智慧的妈妈，是真正活出来的，而不只是书写出来的。这是我们请他们夫妻做我们人生教练的原因之一。我们知道，佩蓉老师为人母的智慧，真是照着她的信仰，从她家的厨房、卧室、卫生间这些生活场景里实践而来；她虽然被冠以"年轻女性的妈妈导师"称号很多年，但她和先生始终没有停止过家庭关系方面的学习。

哈爸 哼妈
大V店创始人，亲子阅读推广人，
夫妻合著《我是炫妻狂》《好婚姻，就是一次又一次爱上对方》

《丰盈心态养孩子》

蒋佩蓉 著

一部帮中国父母战胜养育焦虑的心理自助书

不要等到孩子无法改变时，才想起改变自己；

不要等到亲子关系陷落时，才想起改善婚姻；

唯有父母内心丰盈，才能给孩子和家庭带来真正的安全感！

面对这个浮躁的世界，父母们在养育孩子的过程中心态常常是焦虑、恐慌和盲目的，这也使得孩子们在巨大的压力下感到窒息。

作者在本书中所提出的"丰盈心态养孩子"，是一种教育观念的更新，帮助父母以从容、优雅与自信的心态来养育孩子。

作者有中西文化教育的双重背景，对家庭教育的观察有着跨文化的视野，针对其中存在的问题与纷繁的现象进行了细致入微的剖析，给我们和我们所在的世界带来深刻的启发。比如，家是最基本的社会单位，它要有自己的家庭价值观和使命，并且要将这样的价值观和使命传递出去，影响甚至改变世界。再比如，品格是根，与世俗的观念相反，我们要培养的是有品格、有深度的孩子，而不是只关注外在的、更容易看见成果的事情，这意味着你可能要承受来自外界的压力，甚至会让你质疑自己的选择，但这却是一条对的路，值得你勇敢和确信地坚持下去。

父母别慌，丰盈心态养孩子，才能养出有国际竞争力的孩子。世界很大，属于孩子的舞台也很大，让孩子活出自我、活出他们的最大值，父母才能收获与孩子一起成长之路上的成功之喜。

刘长铭

北京四中校长

《人生休止符》

林为千　蒋佩蓉　著

安息为了看得更深邃，休憩能够走得更长远
享受休憩、邂逅美好

　　为千和佩蓉在事业处于高峰期的阶段，却决定辞掉工作离开中国。他们坦诚，其实忙碌的工作和长期的压力，早已让他们陷入"筋疲力尽"的忙碌、茫然、盲目状态！为了找回最初的爱与感动，他们毅然带着孩子踏上了安息年重新得力之旅。

　　他们敞开自己，勇敢分享自己的挣扎与得胜经验，帮助读者审视自己的生活，思考如何在忙碌生活中学会休息，享受内心的平安与喜乐！你不一定要辞职、外出旅行才能享受安息，找到属于你自己的方式，是该从疯狂的跑步机上跳下来的时候了！

　　在这个处处需要考虑如何取舍的时代，我们有没有想过什么时候"足够"了，什么时候可以休息了，什么时候轮到家人了？佩蓉、为千夫妇决定放下手头工作，离开中国，开展间隔年，是"为了享受安息，让生命有一段画上'休止符'的时期"。他们主动选择了休息，这很有勇气，也给我们带来了全新的思考和体会。

李开复

创新工场董事长兼首席执行官

《佩蓉教孩子学礼仪》

蒋佩蓉 著

麻省理工前中国总面试官
蒋佩蓉女士20年亲子礼仪心得

这是一本教孩子如何在家庭、学校、社区及特殊场合下举止得体的礼仪书，包括日常生活中方方面面的礼仪。本书已是第三次再版，每一次出版都会根据读者反馈的问题加以修订和细化，所以越来越受到父母和老师的喜欢。在教导和训练孩子的过程中，他们首先自己受益，也与孩子一同成长。

本次再版新增的"电子用品篇"，是由王潇女士等翻译整理而成。青橄榄书殿将内容重新规划统筹，在重点篇章末编设了"家庭礼仪训练"，包括"学习重点""亲子互动"和"目标养成"三部分，突出了篇章中要掌握的各项技能，设计了若干生活化场景，让父母以孩子人生教练的身份参与到学习过程中，使得本书更具生活化和实操性，品格养成的训练效果更加明显。

相关书籍将讨论重点多放在如何培养孩子外在礼节上，本书强调一旦孩子心中树立了正确的世界观，摆正了心态，他们的行为自然会随之改变，因为人心里的意愿决定了其态度和行为。孩子们就像一个个空杯子，如果每个孩子的心能够被爱浇灌并且满溢，就会从外在表现为良好的礼仪。待人如己，以尊重、体谅、真诚的态度来与人相处，愿意看重他人的益处，从而给周围的人带来祝福，滋润全地。

此次再版，在原著的基础上，作者增加了许多校园生活的礼仪，并辅以解析，教给老师和孩子如何操作。全书娓娓道来，以身说法，不啻为"小细节、大德育"，是一部可供大家学以致用的好书。

尹超

北京大学附属小学校长

《佩蓉谈商务礼仪和沟通》

蒋佩蓉　李佩仪　著

麻省理工前中国总面试官蒋佩蓉女士
资深外交专家、人际沟通专家李佩仪女士
倾力打造

    本书是"修订扩容版"的升级版，"扩容版"曾创下上市两月即告售罄的记录，多年来，本书为年轻人插上了高起点、高效能的翅膀；被几家世界500强跨国企业作为员工培训教材，北京大学、清华大学商学院以此作为莘莘学子进入职场前的培训教材。

本书的两大亮点：

    1. 将商务礼仪提高到软实力的高度来剖析。其他相关书籍大多将讨论重点放在如何行为处事上，而本书强调礼仪和沟通离不开"心灵"的参与，人只有把内心的位置摆正了，外在的表现一定会在美好心灵的驱动下显出相得益彰的效果。即通过自己的行为去影响别人，用无形的吸引力来获得认同，以心灵的感染力来打造属于你自己的礼仪经济。

    2. 邀请美国前驻华使馆外交专家、资深商务人际沟通专家李佩仪女士，就人际沟通的结构与原则展开对话，使得本书理论与实践并举、职场与生活结合，更加全面实用。

    服务创造额外的价值，给消费者以尊重，赢得你独有的竞争力。在这本书里，我有一个惊喜的发现，就是佩蓉提到了商业骑士精神，用中世纪的骑士精神内核来指导21世纪商业战场上的人们，让它成为领导力的道德范本和职场人士的伦理原则。

张亚勤
百度公司总裁，微软全球前副总裁